职业教育汽车类专业理实一体化教材
职业教育改革创新教材

汽车底盘构造与维修

主　编　罗智强　谢云峰
副主编　黄成松　罗　林
参　编　郑明杰　杨　智　高　亮　张海杨
　　　　陈　焱　吴　吉　肖　芳
主　审　夏仁兵　范钦德

机 械 工 业 出 版 社

本书由一批长期从事职业教育的骨干教师和资深的汽车维修企业骨干技术人员编写而成，采取理实一体化的编写模式，以就业为导向、以培养学生基础能力和职业素养为本位，力求培养和提高学生的实际操作能力和学习能力。本书对底盘系统的基本构造、工作原理以及相关检修内容进行了详细的介绍，主要内容包括汽车底盘概述、传动系统的构造与维修、制动系统的构造与检修、行驶系统的构造与维修、转向系统的构造与维修。

　　本书可作为职业学校汽车运用与维修、汽车检测与维修技术、汽车电子技术及相关专业的教学用书，也可作为汽车底盘维修行业的培训用书及汽车底盘维修人员和汽车爱好者自学的参考书。

　　为方便教学，本书配有电子教案，凡选用本书作为授课教材的教师，均可登录 www.cmpedu.com，以教师身份注册免费下载。编辑咨询电话：010-88379865。

图书在版编目（CIP）数据

汽车底盘构造与维修/罗智强，谢云峰主编，—北京：机械工业出版社，2013.6（2025.8 重印）

职业教育汽车类专业理实一体化教材　职业教育改革创新教材

ISBN 978-7-111-42738-4

Ⅰ.①汽…　Ⅱ.①罗…②谢…　Ⅲ.①汽车-底盘-结构-职业院校-教材②汽车-底盘-车辆修理-职业院校-教材　Ⅳ.①U463.1②U472.41

中国版本图书馆 CIP 数据核字（2013）第 117349 号

机械工业出版社（北京市百万庄大街 22 号　邮政编码 100037）

策划编辑：曹新宇　责任编辑：于志伟

版式设计：霍永明　责任校对：王　欣

封面设计：鞠　杨　责任印制：李　昂

涿州市般润文化传播有限公司印刷

2025 年 8 月第 1 版第 10 次印刷

184mm×260mm·11 印张·255 千字

标准书号：ISBN 978-7-111-42738-4

定价：29.00 元

电话服务　　　　　　　　　网络服务

客服电话：010-88361066　　机 工 官 网：www.cmpbook.com

　　　　　010-88379833　　机 工 官 博：weibo.com/cmp1952

　　　　　010-68326294　　金 书 网：www.golden-book.com

封底无防伪标均为盗版　　机工教育服务网：www.cmpedu.com

前　言

　　本书是根据建设国家中等职业教育改革发展示范校的要求，为加强中等职业教育教材建设，进一步落实人才培养模式和课程体系改革任务，组织编写的。按照行业需求调研、职业能力分析和专家论证的程序，形成了专业教学标准和课程标准；另外，本书以就业为导向，以能力为本位，面向市场、面向社会，满足现代职业教育的本质要求以及汽车运用技术领域技能型人才培养的需要。本书主要围绕汽车底盘及其四大系统相关内容进行介绍与展开，主要内容包括汽车底盘概述、传动系统的构造与维修、制动系统的构造与检修、行驶系统的构造与维修、转向系统的构造与维修，对底盘系统的基本构造、工作原理以及相关检修内容进行了详细的介绍，旨在夯实学生有关汽车底盘基本知识的基础，培养学生的动手操作能力和解决问题的能力。

　　在本书的编写过程中，编者认真总结了多年来汽车维修专业教学经验，吸取了先进的教学模式和方法。本书具有以下主要特色。

　　1. 培养目标以汽车维修、装配企业关键技术操作岗位的核心能力要求为主，确定专业知识和能力培养目标，使学生的实际操作能力达到中级技术工人水平。

　　2. 采用"项目引领、任务驱动"的编写形式，适合理实一体化的教学模式。

　　3. 每个项目都有明确的任务目标、任务描述、任务分析、相关知识、任务实施、评价与反馈和教师评估等环节，贴近实际，有利于激发学生的学习兴趣。

4. 在内容的选择上，车型以典型车系轿车为主，注重满足汽车后市场职业岗位对人才的知识与能力要求，力求与相应的职业资格标准衔接。

5. 突出学生动手能力的培养和训练，加深对汽车底盘结构、原理等理论知识的理解。

本书由长期从事职业学校汽车维修专业教学与汽车维修行业培训的一批教学一线骨干教师、企业骨干技术人员编写而成。由罗智强、谢云峰担任主编，黄成松、罗林担任副主编，郑明杰、杨智、高亮、张海杨、陈焱、吴吉、肖芳参与编写。编写中还得到了重庆市汽车行业协会的大力支持与帮助，重庆市交通职业鉴定中心工程师夏仁兵、重庆望江机器厂技师范钦德担任主审。同时得到许多专家和专业老师的大力支持与帮助，参考和采用了许多相关专业文献和专家的建议，在此一并表示衷心的感谢。

由于编者水平所限，书中不妥和错误之处在所难免，恳请广大读者提出宝贵意见。

编 者

目　录

V

汽车底盘构造与维修

项目一

汽车底盘概述

1

任务一　了解汽车维修车间文化

【任务目标】

目 标 类 型	目 标 要 求
认知目标	1. 了解汽车 4S 店的经营理念 2. 了解汽车维修车间的基本流程
技能目标	1. 掌握汽车维修人员的工作原则 2. 掌握必要的安全生产注意事项
情感目标	1. 注意机械伤害 2. 养成良好的作业习惯

【任务描述】

　　汽车修理车间宽敞明亮，地面干净整洁，每位员工都有条不紊地做着自己的工作。他们配合默契，分工明确。

【任务分析】

　　新时代的汽车修理车间处处体现的是新的经营理念、新的团队合作意识和新的维修规定。

【相关知识】

一、汽车 4S 店的经营理念

1. 汽车 4S 店

汽车 4S 店是以"四位一体"为核心的汽车特许经营模式，包括整车销售（Sale）、零配件供应（Sparepart）、售后服务（Service）和信息反馈（Survey），如图1-1所示。

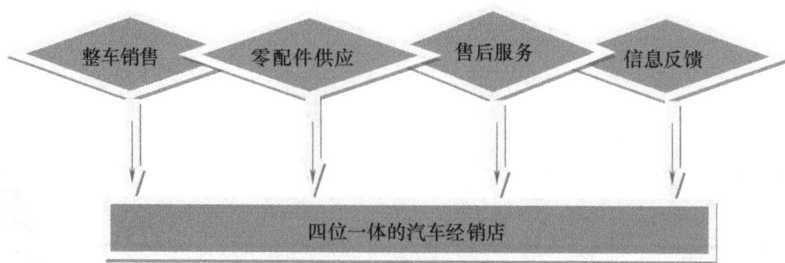

图1-1　汽车4S店

2. 经营理念

汽车4S店的经营理念：客户的满意度是第一位的，如图1-2所示。

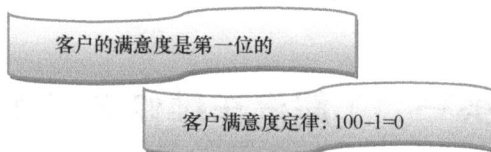

图1-2　汽车4S经营理念

3. 优质服务

为了提高客户满意度，汽车4S店必须为客户提供最优质的产品和最好的服务，如图1-3所示。

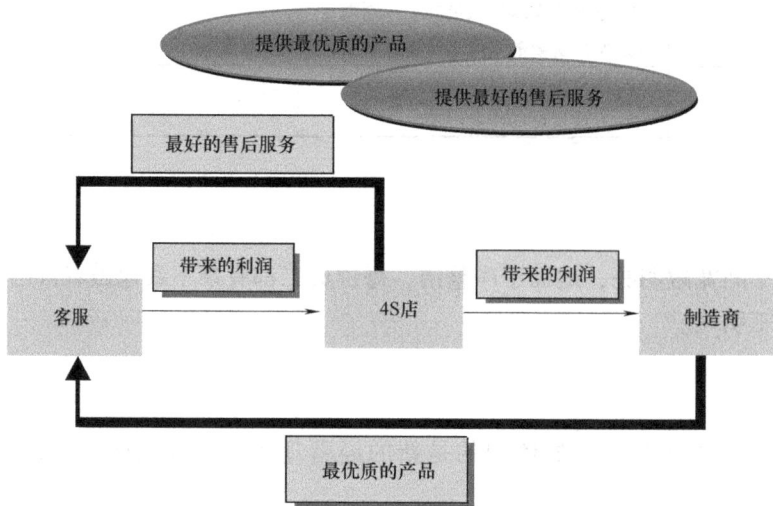

图1-3　优质服务

4. 客户对服务的四种期望

通常情况下，客户对汽车4S店的服务有四种期望，如图1-4所示。

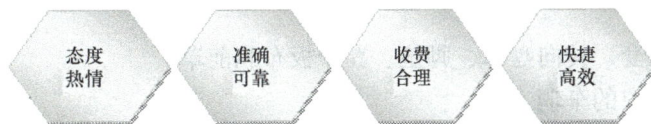

图1-4　客户对服务的期望

二、汽车维修车间的基本流程

1. 维修部门的团队协作

维修部门通常由技术经理、维修组长、维修人员和前台接待人员组成，他们之间的团队协作是汽车4S店提供优质服务的重要保证，如图1-5所示。

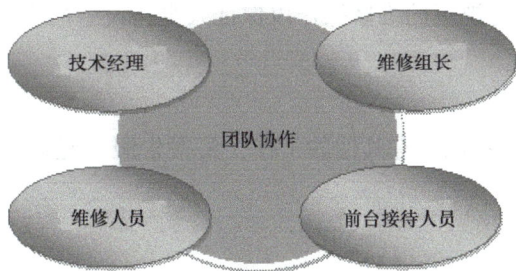

图1-5　维修部门的团队协作

2. 维修车间的基本流程

维修车间的基本流程为，前台接待人员接到客户的预约，然后由车间经理或维修组长将任务派给合适的维修人员，维修人员完成维修操作后，交付检验，最后交付客户，具体流程如图1-6所示。

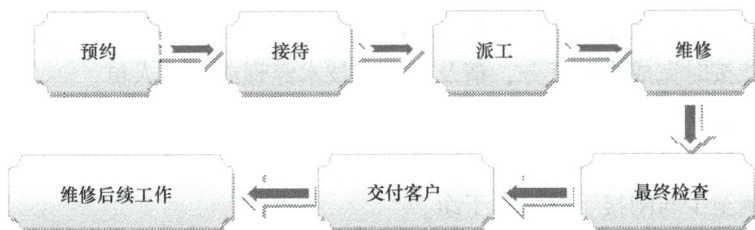

图1-6　维修车间基本流程图

三、汽车维修人员的工作十原则

1. 职业化的形象

1）干净的帽子。

2）干净的连体工作服。

3）干净的劳保鞋。

4）不戴饰品和手表。

5）口袋中要有干净的抹布。

6）按要求戴护目镜、面罩、耳罩、手套等安全防护用品。

2. 爱护车辆

1）要使用座椅套、转向盘罩、脚垫、翼子板布和前罩。

2）小心驾驶客户的车辆。

3）不能乱动客户车内的物品。

4）工具和零件不能放在车上。

3. 整洁有序

1）保持车间（地面、工具箱、工作台和仪器设备等）整洁有序。

2）车辆停正后，方能进行维修。

4. 安全生产

必须按照安全要求进行规范的维修操作以保证人身与设备的安全。

5. 计划和准备

1）明确工作任务。

2）完成规定的工作后发现还有其他的工作，要报告服务经理或调度人员，只有得到客户同意后才能进行。

3）工作前做好计划。

4）确认库房有所需的零部件。

5）根据维修派工单进行维修作业，以免出错。

6. 快速、可靠地工作

1）正确地使用各种工具、量具、仪器、仪表和设备。

2）根据维修手册进行维修作业。

3）如果有不清楚的地方，应询问技术经理或调度人员。

7. 按时完成

1）应尽量按时完成维修任务，避免拖延时间。

2）如果不能按时完成维修任务，请及时通知技术经理或调度人员。

8. 工作完成后要进行检查

1）确认主修项目已经完成。

2）确认车辆至少与刚接手时一样干净。

3）将驾驶座椅、转向盘和反光镜调回到最初位置。

4）如果钟表、音响的存储被删除，需重新设置。

9. 保存旧零件

将旧零件装入空零件盒，并按客户要求放在相应位置。

10. 后续工作

1）完成维修报告单。

2）未列在维修单上的任何信息，必须报告技术经理或调度人员。

四、安全生产注意事项

1. 个人安全

1）眼睛的防护，如图1-7所示，佩戴相应的视力防护工具。

2）听觉的保护，如图1-8所示，佩戴相应的听力防护工具。

3）手的保护，如图1-9所示，佩戴合适的手套。

4）头部的保护，如图1-10所示，佩戴相应的头部防护工具。

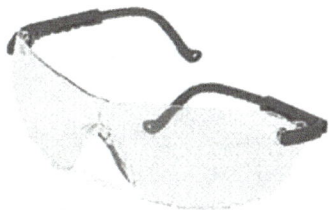

图 1-7　视力防护工具　　　　　　图 1-8　听力防护工具

图 1-9　手套　　　　　　　　　图 1-10　头部防护工具

2. 日常安全守则

1）工具不使用时应保持干净并放在正确的位置。

2）要及时检查和维护各种设备和工具。

3）手上应避免油污，以防工具滑脱。

4）起动发动机的车辆应保证驻车制动正常。

5）不要在车间内逗留乱串。

6）在车间内起动发动机要保持维修车间内通风良好。

7）在车间内着装要符合规定，并佩戴必要的装备，如手套、护目镜和耳塞等。

8）不要将压缩空气对着人或设备吹。

9）尖锐的工具不要放到口袋里，以免扎伤自己或划伤车辆。

10）通道上不要放工具、设备和车辆等。

11）用正确的方法使用正确的工具。

12）手、衣服和工具应远离旋转设备或部件。

13）开车进出车间时要慢速行驶，注意避让。

14）在极度疲劳或精神消沉时不要工作，这种情况注意力会降低，有可能导致安全事故。

15）如果不知道车间设备如何使用，应先向人请教，以正确、安全的方法进行操作。

16）用举升器或千斤顶举升车辆时，一定要按正确的规程进行操作。

17）车间内不能有明火，禁止吸烟。

18）应知道车间灭火器、医疗急救包和洗眼处的位置。

任务二 汽车底盘的基本组成及功用

【任务目标】

目标类型	目标要求
认知目标	1. 会描述汽车底盘的基本组成及功用 2. 了解汽车底盘的各种布置形式
技能目标	1. 掌握汽车底盘的组成情况 2. 掌握必要的安全生产注意事项
情感目标	1. 注意机械伤害 2. 养成良好的作业习惯

【任务描述】

某车主为了掌握汽车底盘必要的常规检查内容，开车到修理店询问维修人员汽车底盘的组成和各零部件的名称与作用。

【任务分析】

作为维修人员，首先要知道汽车底盘的组成以及各零部件的名称和作用，才能够正确地给客户解答上述问题。

【相关知识】

一、底盘的组成和功用

底盘由传动系统、行驶系统、转向系统和制动系统组成，如图1-11所示。

底盘的功用是接受发动机的动力，使汽车运动并按照驾驶人的操纵而正常行驶。

1. 传动系统的组成和功用

传动系统是指从发动机到驱动车轮之间所有动力传递装置的总称，由离合器、变速器、万向传动装置和驱动桥等组成，如图1-12所示。

（1）离合器 离合器的作用是保证换挡平顺，必要时中断动力传递，如图1-13所示为离合器实物。

（2）变速器 变速器的作用是变速、降速增矩、变向、中断动力传递，如图1-14所示为变速器实物。

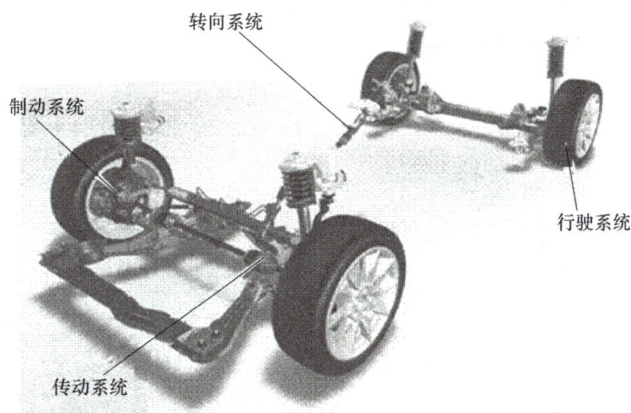

图1-11 汽车底盘的组成

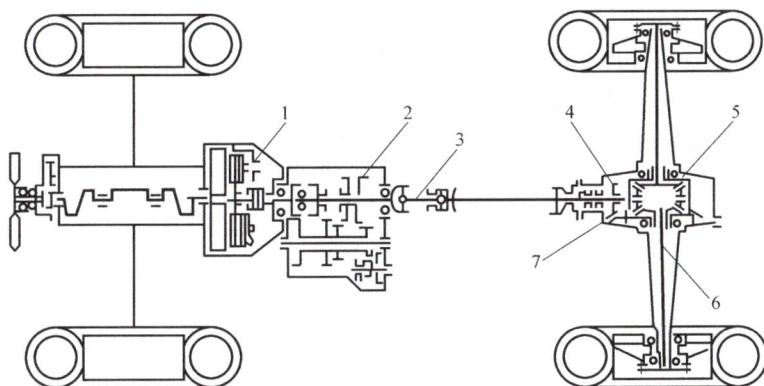

图1-12 传动系统的组成

1—离合器 2—变速器 3—传动轴 4—驱动桥 5—差速器
6—半轴 7—主减速器

图1-13 离合器实物

图1-14 变速器实物

（3）万向传动装置 万向传动装置的作用是实现有夹角和相对位置经常发生变化的两轴之间的动力传递，如图1-15所示为万向传动装置中的万向节。

（4）主减速器　主减速器的作用是将动力传递给差速器，并实现降速增矩、改变传动方向。如图 1-16 所示为主减速器实物。

图 1-15　万向节　　　　　　　　　图 1-16　主减速器

（5）差速器　差速器的作用是将动力传递给半轴，并允许左、右半轴以不同的转速旋转。如图 1-17 所示为差速器实物。

（6）半轴　半轴的作用是将差速器的动力传递给驱动车轮。如图 1-18 所示为半轴实物。

图 1-17　差速器　　　　　　　　　图 1-18　半轴

2. 制动系统的组成和功用

制动系统由行车制动系统和驻车制动系统组成。如图 1-19 所示为盘式制动器，图1-20 所示为鼓式制动器。

制动系统的功用是使汽车减速、停车并能保证停放可靠。

3. 行驶系统的组成和功用

行驶系统由车架、悬架、车桥和车轮等组成，如图 1-21 所示。

行驶系统的功用是支承、安装汽车的各零部件总成，传递和承受车上、车下各种载荷，以保证汽车的正常行驶。

4. 转向系统组成和功用

转向系统由转向操纵机构、转向器和转向传动机构组成，如图 1-22 所示。

图 1-19 盘式制动器

图 1-20 鼓式制动器

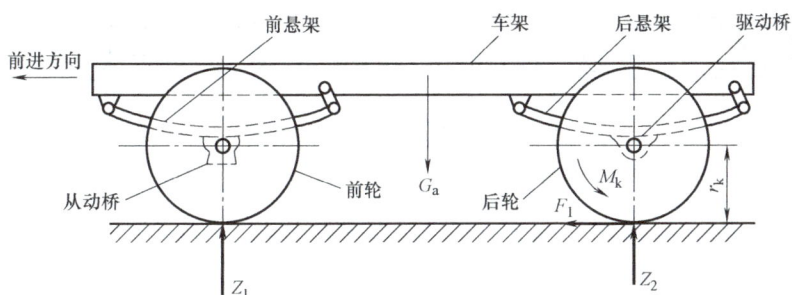

图 1-21 行驶系统的组成

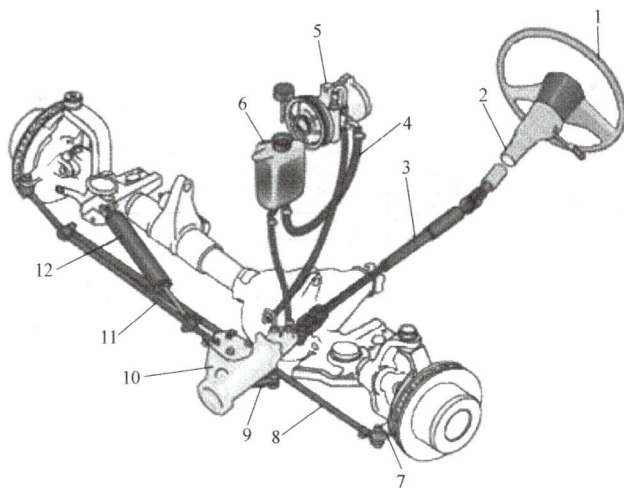

图 1-22 转向系统的组成

1—转向盘 2—转向轴 3—转向中间轴 4—转向油管 5—转向油泵 6—转向油罐 7—转向
节臂 8—转向横拉杆 9—转向摇臂 10—整体式转向器 11—转向直拉杆 12—转向减振器

转向系统的功用是保证汽车能够按照驾驶人选定的方向行驶。

二、汽车底盘的总体布置

1. 发动机前置后轮驱动（FR）

发动机前置后轮驱动是最传统的布置形式，应用较广泛，如大多数货车，以及宝马（4驱除外）等一些高级轿车多采用这种布置形式，如图1-23所示。

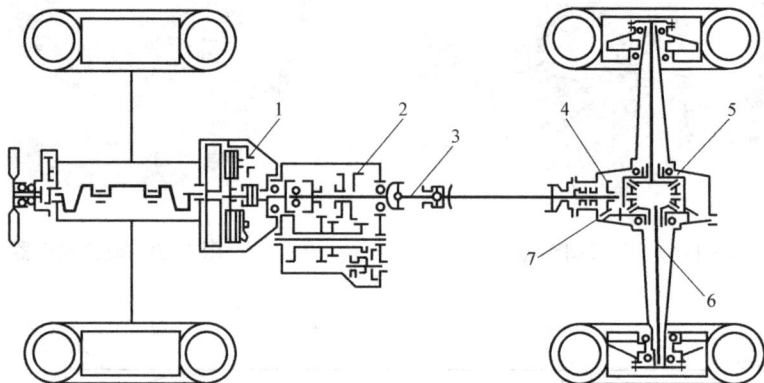

图1-23 发动机前置后轮驱动示意图

1—离合器 2—变速器 3—传动轴 4—驱动桥 5—差速器 6—半轴

7—主减速器

2. 发动机前置前轮驱动（FF）

发动机前置前轮驱动多用于轿车，但豪华轿车不采用。根据发动机的布置形式不同，它又分为发动机横置和发动机纵置。

（1）发动机横置 具体布置方式如图1-24所示。

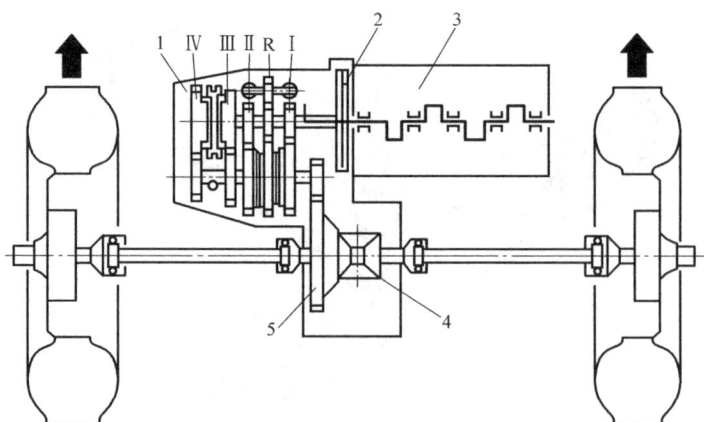

图1-24 发动机横向前置前轮驱动示意图

1—变速器 2—离合器 3—发动机 4—差速器 5—主减速器

（2）发动机纵置 具体布置方式如图1-25所示。

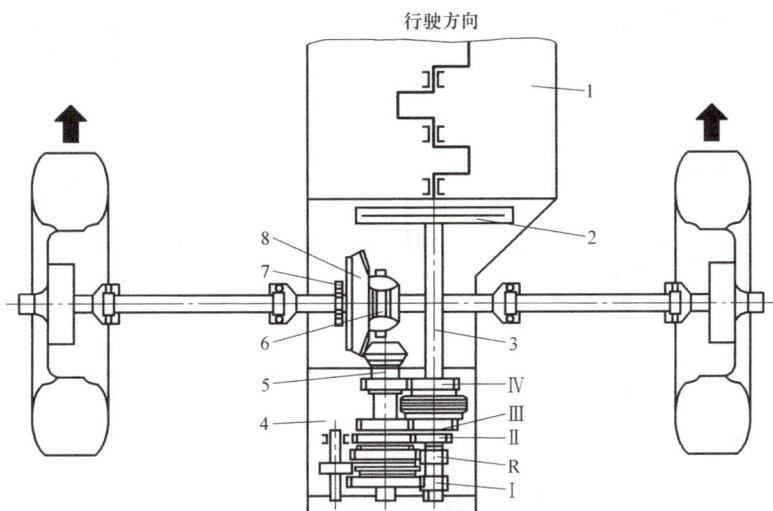

图 1-25　发动机纵向前置前轮驱动示意图

1—发动机　2—离合器　3—变速器输入轴　4—变速器

5—主动齿轮（输出轴）　6—差速器　7—车速表齿轮　8—从动齿轮

3. 发动机后置后轮驱动（RR）

发动机后置后轮驱动多用于客车，如宇通、金龙等，具体布置方式如图 1-26 所示。

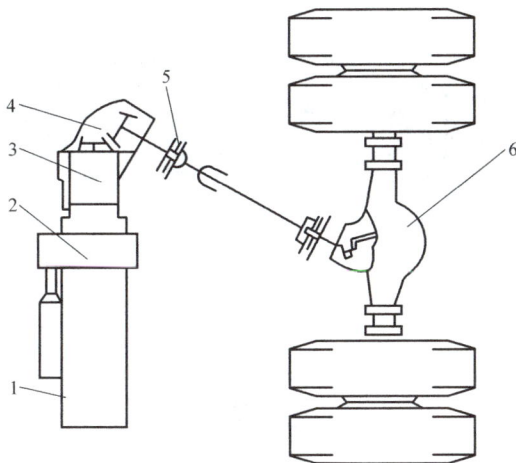

图 1-26　发动机后置后轮驱动示意图

1—发动机　2—离合器　3—变速器　4—角传动装置

5—万向传动装置　6—驱动桥

4. 发动机前置全轮驱动（XWD）

发动机前置全轮驱动多用于高档轿车和越野汽车，具体布置方式如图 1-27 所示。

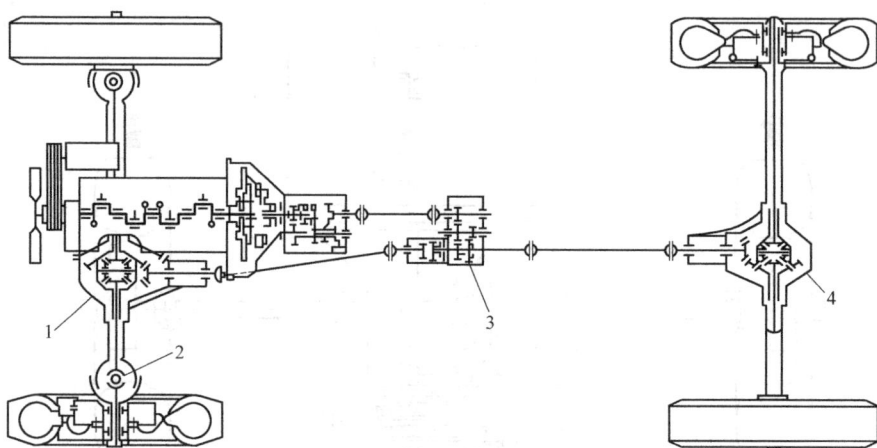

图 1-27　发动机前置全轮驱动示意图

1—前桥　2—万向节　3—分动器　4—后桥

5. 发动机中置后轮驱动（MR）

发动机中置后轮驱动一般用于跑车和赛车，如法拉利、保时捷和 F1 赛车等。如图 1-28 所示为 F1 赛车，如图 1-29 所示，为超级跑车。

图 1-28　F1 赛车

图 1-29　超级跑车

【任务实施】

观察汽车底盘的构造

一、实施目的

1）会描述汽车底盘的总体构造。

2）能说出汽车底盘各组成部分的名称及作用。

二、技能训练准备

（1）所需设备　实训用车辆和基本的拆装工具。

（2）工具和材料　维修手册、前格栅布、翼子板防护套、环保三件套、干净的抹布和车轮挡块等。

（3）安全防护用品　标准作业装、安全鞋和手套等。

（4）汽车信息的收集

车牌号码：＿＿＿＿＿＿＿＿＿＿＿；车辆型号：＿＿＿＿＿＿＿＿＿＿＿；

VIN码：＿＿＿＿＿＿＿＿＿＿＿；行驶里程：＿＿＿＿＿＿＿＿＿＿＿。

三、技术规范与注意事项

1）严禁违规操作。

2）注意穿戴好防护用具。

3）使用维修手册时，要注意避免残缺不全，资料应与使用车辆型号相对应。

4）要遵守维修手册规定的其他技术和安全要求。

四、实施步骤及方法

1. 检修作业的准备及预检

（1）一般准备工作

1）与小组成员共同清洁整理场地。　　　　　　　□ 任务完成

2）清点所需工、量具的数量和种类。　　　　　　□ 任务完成

3）检查设备，工、量具的性能是否良好。　　　　□ 任务完成

（2）安全防护准备工作

1）安装车轮挡块阻挡车轮。　　　　　　　　　　□ 任务完成

2）使用空挡和驻车制动。　　　　　　　　　　　□ 任务完成

3）安装好前格栅布及护套。　　　　　　　　　　□ 任务完成

2. 汽车底盘的认识

（1）汽车底盘的整体认识　认识汽车底盘并在图1-30中填写各底盘组成部分的名称。

（2）汽车底盘零部件的认识　认识底盘零部件并在图1-31中写出各零部件的名称。

图 1-30 底盘的整体认识

1—_____

2—_____

3—_____

4—_____

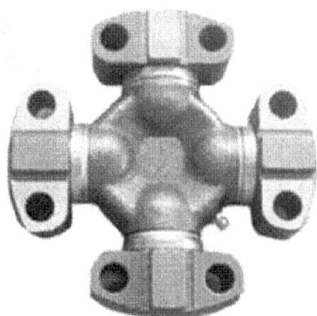

5—_____

6—_____

图 1-31 底盘零部件

7—＿＿＿＿＿＿＿＿＿＿＿

8—＿＿＿＿＿＿＿＿＿＿＿

图 1-31　底盘零部件（续）

3. 转向系统的认识

认识转向系统，并写出图 1-32 中各零件的名称。

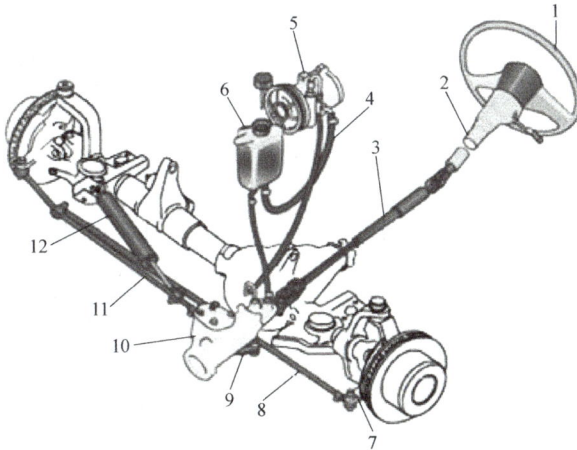

图 1-32　转向系统

1—＿＿＿＿＿＿＿、2—＿＿＿＿＿＿＿、3—＿＿＿＿＿＿＿、4—＿＿＿＿＿＿＿、5—＿＿＿＿＿＿＿、
6—＿＿＿＿＿＿＿、7—＿＿＿＿＿＿＿、8—＿＿＿＿＿＿＿、9—＿＿＿＿＿＿＿、10—＿＿＿＿＿＿＿、
11—＿＿＿＿＿＿＿、12—＿＿＿＿＿＿＿

【评价与反馈】

班级＿＿＿＿＿＿＿＿ 姓名＿＿＿＿＿＿＿＿ 指导教师＿＿＿＿＿＿＿＿

序号	考核项目	配分	考核内容		配分	考核标准	得分
1	出勤/纪律	5	出勤		2	违规一次不得分	
			行为规范		3	违规一次不得分	
2	安全/防护/环保	20	着装		4	违规一次不得分	
			个人防护		4	违规一次不得分	
			5S/EHS		4	违规一次不得分	
			设备使用安全		4	违规一次不得分	
			操作安全		4	违规一次不得分	
3	知识水平	20	知识测试成绩		20	按测验成绩的20%计	
4	技能考核	40	准备	清点工、量具，清理工位	1	未做不得分	
				清洁对象外观	1	未做不得分	
				检查电源开关	1	未做不得分	
				安装各种防护套	2	未做不得分	
				发动机舱预检	5	操作不正确扣1～5分	
			底盘的认识	底盘的整体认识	10	回答不正确扣1～10分	
				底盘零部件的认识	10	回答不正确扣1～10分	
				转向系统主要零部件的认识	10	回答不正确扣1～10分	
5	学习能力	10	填写工单，制订工艺计划		4	未做不得分	
			组内活动情况		4	酌情扣1～4分	
			资料查询和收集		2	未做不得分	
6	任务拓展	5	知识拓展任务		2	未做不得分	
			技能拓展任务		3	未做不得分	
7	总分	100					

【教师评估】

序 号	优 点	存在问题	解决方案

教师签字：

汽车底盘构造与维修

项目二

传动系统的构造与维修

2

任务一　离合器的构造与维修

【任务目标】

目标类型	目标要求
认知目标	1. 了解离合器的类型、组成及功用 2. 理解离合器的工作原理
技能目标	1. 能够正确拆装离合器 2. 掌握必要的安全生产注意事项
情感目标	1. 注意机械伤害 2. 养成良好的作业习惯

【任务描述】

　　一辆丰田卡罗拉轿车，累积行驶里程为 78000km。该车在行车过程中踩离合器踏板时分离不彻底。检查维修记录发现该车已经有 30000km 没有做二级维护了。

【任务分析】

　　离合器常见的故障有离合器打滑和离合器分离不彻底等，其故障原因主要与自由行程的大小和从动盘及压盘的磨损程度等有关。当从动盘或压盘过度磨损时，自由行程会发生改变，踩下或放松离合器踏板，离合器就可能出现分离不彻底和打滑等现象。此时就需要对离合器进行拆检，更换相应的零部件和调整自由行程等，以排除故障。

【相关知识】

一、离合器的功用

离合器安装在发动机与变速器之间。驾驶人可根据行驶需要控制离合器的接合和分离，从而连接或切断发动机与驱动轮之间的动力传递。

1. 保证汽车平稳起步

汽车起步之前，驾驶人先踩下离合器踏板，将离合器分离，使发动机与传动系统脱开，再将变速器挂上挡，然后逐渐松开离合器踏板，使离合器逐渐接合。在接合过程中，发动机所受阻力矩逐渐增大，故应同时逐渐踩下加速踏板，即逐步增加对发动机的燃料供给量，使发动机的转速始终保持在最低稳定转速上，而不致熄火。同时，由于离合器的接合紧密程度逐渐增大，发动机经传动系统传给驱动车轮的转矩便逐渐增加，到牵引力足以克服起步阻力时，汽车即从静止开始运动并逐步加速。

2. 实现平稳的换挡

汽车在行驶过程中，为适应不断变化的行驶条件，需要频繁地换挡。换挡前必须踩下离合器踏板，中断动力传递，便于使原挡位的啮合副脱开，同时使新挡位啮合副啮合部位的速度逐步趋向同步，减小齿轮啮合时的冲击，保护齿轮，实现平稳的换挡。

3. 防止传动系统过载

当汽车紧急制动或受到地面很大的冲击力时，若没有离合器，则发动机将因和传动系统刚性连接而急剧降低转速，因而其中的所有运动件将产生很大的惯性力矩（其数值可能大大超过发动机正常工作时所发出的最大转距），使传动系统承受超过其承载能力的载荷，从而使机件损坏。有了离合器，便可以依靠其主动部分和从动部分之间产生的相对运动起到一定的缓冲作用，以消除这一危险。因此，需要离合器来限制传动系统所承受的最大转距，以保护零件不受损坏。

二、离合器的组成及类型

1. 离合器的组成

离合器主要由主动部分、从动部分、压紧机构和操纵机构四部分组成。

2. 离合器的类型

（1）按从动盘数目分　可分为单片式、双片式和多片式。

中型以下货车及轿车的发动机最大转矩一般都不是很大，故采用一个从动盘；中型以上的货车需要传递的转矩较大，需采用两个从动盘；而多片式从动盘因轴向尺寸较大，汽车上很少采用。

（2）按压紧弹簧的形式分　可分为膜片弹簧式和螺旋弹簧式。

螺旋弹簧式离合器根据弹簧在压盘上的布置分为周布螺旋弹簧式和中央螺旋弹簧式。

三、膜片弹簧式离合器的结构及工作原理

目前，轿车上广泛采用膜片弹簧式离合器。

1. 膜片弹簧式离合器的结构

膜片弹簧式离合器由主动部分、从动部分、压紧机构和操纵机构等组成，其具体结构如

图 2-1 所示。

（1）主动部分 主动部分主要由飞轮、离合器压盘及离合器盖总成组成。无论离合器处于接合状态还是分离状态，主动部分均随发动机飞轮一起旋转。

离合器盖用螺栓固定在发动机飞轮上，压盘与离合器盖间通过周向分布的传动片相连接，如图 2-2 所示。传动片一端用铆钉与离合器盖相铆接，另一端用螺栓与压盘相联接。

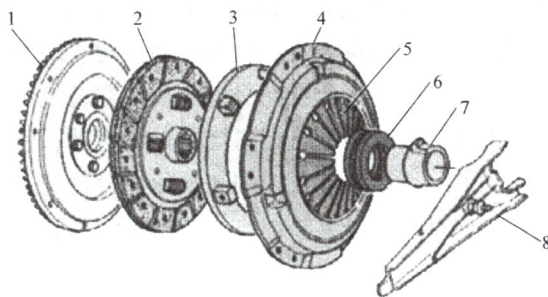

图 2-1 膜片弹簧式离合器的结构

1—飞轮 2—从动盘 3—压盘 4—离合器盖 5—膜片弹簧
6—分离轴承 7—分离套筒 8—分离叉

（2）从动部分 从动部分主要部件是从动盘。从动盘位于飞轮与压盘之间，从动盘毂通过花键与变速器输入轴配合，并可沿输入轴作轴向移动。从动盘的两个摩擦面通过摩擦力传递发动机转矩。当离合器踏板未被踩下时，压盘将从动盘压紧在飞轮上，在摩擦力的作用下，从动盘随飞轮一起转动，将发动机动力输入变速器；当踩下离合器踏板时，摩擦作用消失，切断了发动机的动力传递。

（3）压紧机构 压紧机构主要部件是膜片弹簧，如图 2-3 所示。

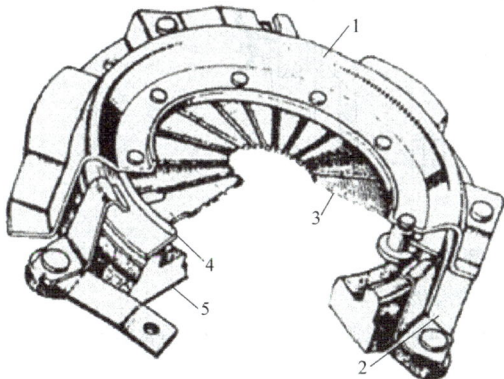

图 2-2 膜片弹簧式离合器压盘总成

1—离合器盖 2—传动片 3—膜片弹簧 4—支承环 5—压盘

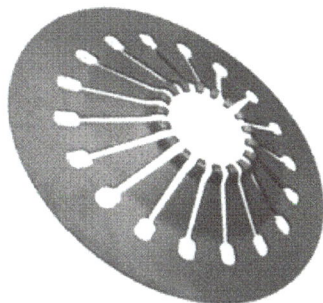

图 2-3 膜片弹簧

膜片弹簧由优质薄弹簧钢板冲压而成，不受力时自由形状为一锥形，类似一个碟子，其中心部分有许多径向切口，形成弹性杠杆。膜片弹簧两侧有钢丝支承环，借铆钉安装在离合器盖上。离合器盖未固定到飞轮上时，它与飞轮间有一距离 L，膜片弹簧不受力，处于自由状态，如图 2-4a 所示。当离合器盖用螺栓固定于飞轮上时，从动盘与压盘迫使膜片弹簧以右侧支承环为支点发生弹性变形，使膜片弹簧外端对压盘与传动片产生压紧力，使离合器接合，如图 2-4b 所示。膜片弹簧既起压紧弹簧的作用，又起分离杠杆的作用。

（4）操纵机构 操纵机构是为驾驶人控制离合器分离与接合而设的一套专门机构，它由分离杠杆（膜片弹簧）、分离轴承、分离套筒、分离叉和复位弹簧等机件组成的分离机构和位于离合器壳外的离合器踏板及传动机构、助力机构等组成。在大多数离合器中都设有分离叉，它一般支承在离合器壳上，分离叉臂通过传动机构与离合器踏板相连。在分离离合器时，由分离叉拨动分离套筒沿离合器轴线移动，使分离套筒压向膜片弹簧内端。由于分离套筒是不转动的，而膜片弹簧内端却是随离合器的主动部分转动的，所以在分离套筒上设置有推力式或径向推力式分离轴承。分离杠杆绕离合器盖上的支点转动，带动压盘后移，使离合器分离。

2. 膜片弹簧式离合器的工作原理

在离合器处于自由状态时，离合器盖未通过螺栓固定在飞轮上，两者之间间隙为 L，如图 2-4a 所示，膜片弹簧处于自由状态，飞轮、从动盘、压盘之间不传递力。

在接合过程中，逐渐松开离合器踏板，压盘在膜片弹簧弹性力的作用下向前移动，消除自由间隙，并在压盘、从动盘和飞轮工作表面上作用足够的压紧力，之后分离轴承在复位弹簧的作用下向后移动，产生自由间隙，离合器接合，如图 2-4b 所示。

在分离过程中，踩下离合器踏板，在自由行程内首先消除自由间隙，然后在工作行程内产生分离间隙，离合器分离，如图 2-4c 所示。

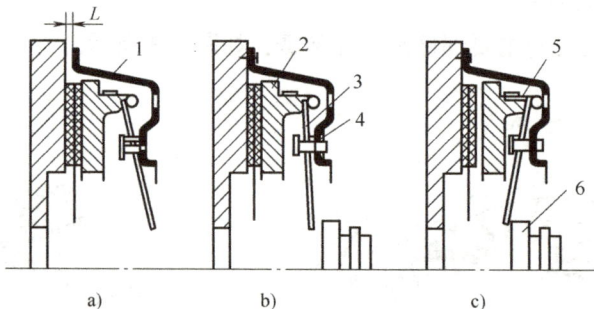

图 2-4 膜片弹簧式离合器的工作过程
a）自由状态 b）接合状态 c）分离状态
1—离合器盖 2—压盘 3—膜片弹簧 4—支承环 5—分离叉 6—分离轴承

四、螺旋弹簧式离合器的结构及工作原理

1. 螺旋弹簧式离合器

螺旋弹簧式离合器根据弹簧在压盘上的布置分为周布螺旋弹簧式和中央螺旋弹簧式。

周布螺旋弹簧式离合器的结构如图 2-5 所示：飞轮和压盘是主动部分；在飞轮与压盘之间装有一个带扭转减振器的从动盘，是从动部分；压紧机构是呈周向布置的螺旋弹簧；离合器盖通过薄钢片制成的传动片与压盘相连，起传动作用，使压盘与飞轮一起旋转。

周布螺旋弹簧式离合器的操纵机构主要由离合器踏板、分离轴承、分离套筒、分离叉和若干根沿圆周均匀布置的分离杠杆等组成，如图 2-6 所示。分离轴承用来消除旋转的分离杠杆与不旋转的分离套筒间存在的直接摩擦，分离叉两端轴颈从离合器壳的孔中穿过，在复位弹簧的作用下，分离套筒两侧凸台平面抵靠在分离叉的两分离指上。当离合器踏板上的作用力经传动机构传到分离叉上时，逆时针转动的分离指推动分离套筒和分离轴承向左移动，将分离杠杆内侧压向左边，分离杠杆绕支撑销旋转，带动分离杠杆外端向右移动，从而推动压盘右移，解除从动盘摩擦片上的压力，使摩擦作用消失，离合器转为分离状态。

图 2-5　周布螺旋弹簧式离合器的结构
1—压盘　2—离合器盖　3—螺旋弹簧
4—从动盘　5—飞轮

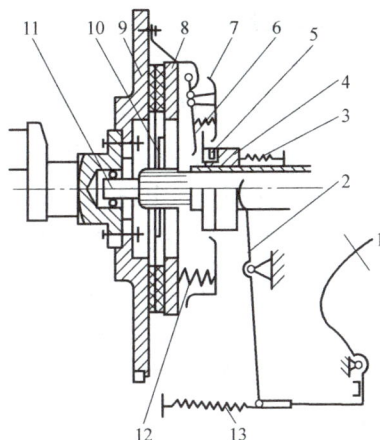

图 2-6　周布螺旋弹簧式离合器操纵机构的组成
1—离合器踏板　2—分离叉　3、13—复位弹簧
4—分离套筒　5—分离轴承　6—分离杠杆　7—离合
器盖　8—压盘　9—飞轮　10—从动盘　11—变速
器输入轴　12—压紧弹簧

2. 中央螺旋弹簧式离合器

中央螺旋弹簧式离合器主要由压盘、从动盘、中间压盘、中央弹簧、离合器盖和压紧杠杆等组成，如图 2-7 所示。中央螺旋弹簧式离合器只有一个张力较强的压紧弹簧布置于离合器的中央。压紧弹簧有螺旋圆柱形和螺旋圆锥形，由于螺旋圆锥形弹簧的轴向尺寸小，可以缩短离合器的轴向尺寸，因而较螺旋圆柱弹簧用得多，其工作原理如下。

离合器盖与发动机飞轮用螺栓固定在一起，当中央螺旋弹簧被预压紧，离合器处于接合位置时，由于中央螺旋弹簧一端对压盘的压紧力，使得压盘与从动摩擦片之间产生摩擦力。当离合器盖总成随飞轮转动时，通过摩擦片上的摩擦转矩带动从动盘总成和变速器一起转动，以传递发动机动力。

当要分离离合器时，踩下离合器踏板，通

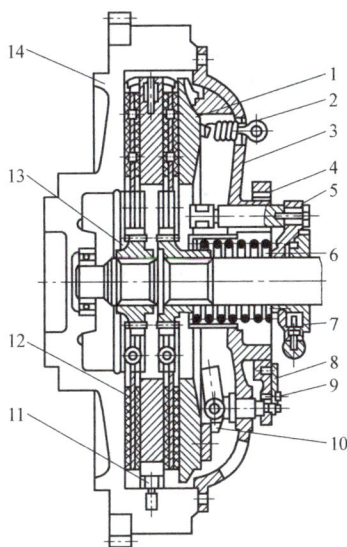

图 2-7　中央螺旋弹簧式离合器
1—压盘　2—分离弹簧　3—离合器盖　4—调整环
5—传动杆　6—中央弹簧　7—分离套筒　8—平衡盘
9—支承销　10—压紧杠杆　11—传动销　12—中间压
盘　13—传动盘　14—飞轮

过操纵机构，使分离轴承总成前移，推动中央螺旋弹簧离开压盘，压盘在传动片的弹力作用下离开摩擦片，使从动盘总成处于分离位置，切断了发动机动力的传递。

五、离合器的操纵机构

离合器的操纵机构主要有机械式、液压式和助力式三种形式。

1. 机械式操纵机构

机械式操纵机构广泛应用于中型和轻型以下各类汽车上，某些轿车上也采用。机械式操纵机构分为杆式传动和绳索式传动两种。

杆式传动操纵机构是由一组杆系以及踏板、拉索及其调节叉、分离叉及踏板复位弹簧等组成，如图 2-8 所示。其结构简单，工作可靠，但由于杆系传动操纵机构中杆件铰接多，摩擦损失大，车架或车身变形以及发动机位移时都会影响其正常工作。

绳索式传动操纵机构主要由绳索总成、绳索自动调整装置、离合器操纵臂和离合器踏板等组成，如图 2-9 所示。绳索式传动操纵机构可以克服杆式传动操纵机构的一些缺点，并能采用便于驾驶人操纵的吊挂式踏板，但是操纵绳索寿命较短，拉伸刚度较小，故只适用于轻型和微型汽车。

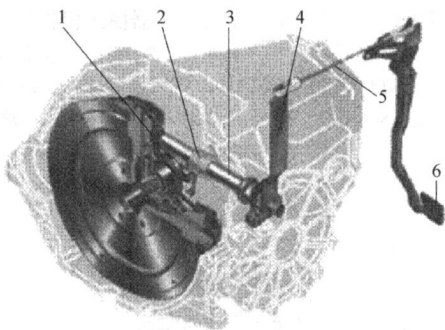

图 2-8 杆式传动操纵机构
1—分离轴承 2—复位弹簧 3—分离轴
4—传动臂 5—拉索 6—离合器踏板

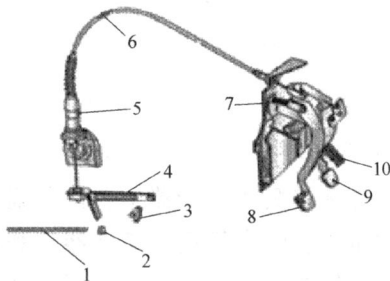

图 2-9 绳索式传动操纵机构
1—离合器分离推杆 2—分离轴承 3—分离臂
4—离合器操纵臂 5—绳索自动调整装置 6—绳索
总成 7—弹簧 8—离合器踏板 9—制动踏板
10—加速踏板

2. 液压式操纵机构

液压式操纵机构主要由主缸、工作缸以及管路系统组成，如图 2-10 所示。

液压式操纵机构具有摩擦阻力小、传动效率高、质量轻、接合柔和和布置方便等优点，尤其在需要远距离操纵时，与机械式操纵机构相比，它具有更突出的优越性。

离合器主缸的结构如图 2-11 所示，主缸上部是储液室，主缸体借补偿孔和进油孔与储液室相通，主缸内装有活塞，活塞中部较细，使活塞右方的主缸内腔形成环形油室。活塞两端装有密封圈与皮碗。活塞顶部有沿圆周分布的小孔，活塞复位弹簧将皮碗、活塞垫片压向活塞，盖住小孔，形成单向阀，并把活塞推向最右位置，使皮碗位于补偿孔与进油孔之间，两孔都开放。

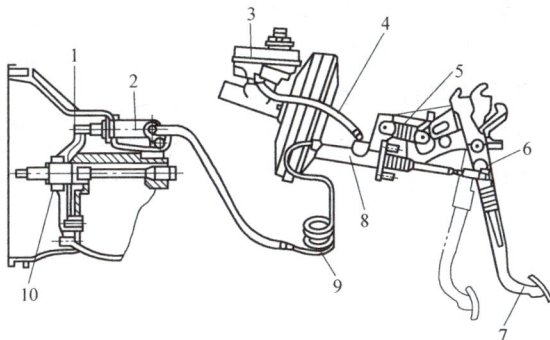

图 2-10　液压式离合器操纵机构

1—分离板　2—工作缸　3—储液罐　4—低压油管　5—助力弹簧

6—推杆　7—踏板　8—主缸　9—高压油管　10—分离轴承

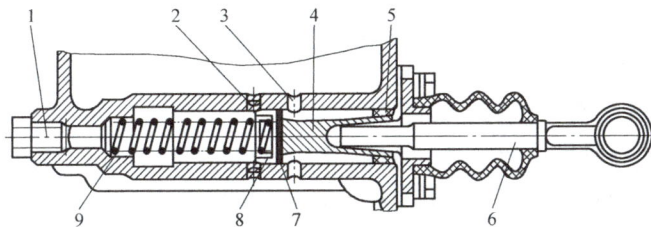

图 2-11　离合器主缸的结构

1—出油孔　2—进油孔　3—补偿孔　4—活塞　5—密封圈　6—推杆

7—活塞垫片　8—皮碗　9—活塞复位弹簧

离合器工作缸的结构如图 2-12 所示，工作缸内装有活塞、皮碗和推杆等，缸体上还设有放气螺塞。当管路内有空气存在影响操纵时，可拧出放气螺塞进行放气。

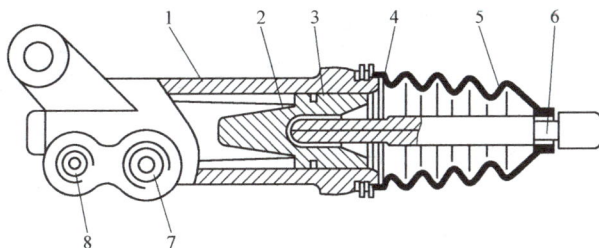

图 2-12　离合器工作缸的结构

1—壳体　2—活塞　3—皮碗　4—挡圈　5—保护套　6—推杆

7—进油孔　8—放气孔

3. 助力式操纵机构

为了使离合器操纵轻便，减轻踏板操纵力，改善驾驶人的操纵条件，在机械式、液压式操纵机构的基础上增设了助力装置。常见的助力装置有弹簧助力式和气压助力式两种。

（1）弹簧助力式操纵机构 弹簧助力式操纵机构就是在离合器踏板上铰接一复位弹簧，如图2-13所示，该复位弹簧也就是助力弹簧。助力弹簧结构简单，但效果不大，所以只在中型和轻型汽车上采用。对于重型汽车，常采用气压助力装置。

（2）气压助力式操纵机构 气压助力式操纵机构有气压助力机械式和气压助力液压式两种。

1）气压助力机械式操纵机构。气压助力机械式操纵机构的结构形式如图2-14所示。

离合器踏板通过拉杆（第一位杆、第二位杆和第三位杆）与控制阀相连，控制阀可随拉杆一起移动，进气管通储气筒，助力气缸固定在车架上，与控制阀之间用软管连接。

2）气压助力液压式操纵机构。如图2-15所示为气压助力液压式操纵机构的结构示意图，图中的助力器即气压助力液压工作缸。虽然各种气压助力装置的结构有所不同，但其工作原理都相同。

在离合器分离的过程中，控制阀的进气阀打开，排气阀关闭，压缩空气由进气阀进入助力缸，产生助力作用。

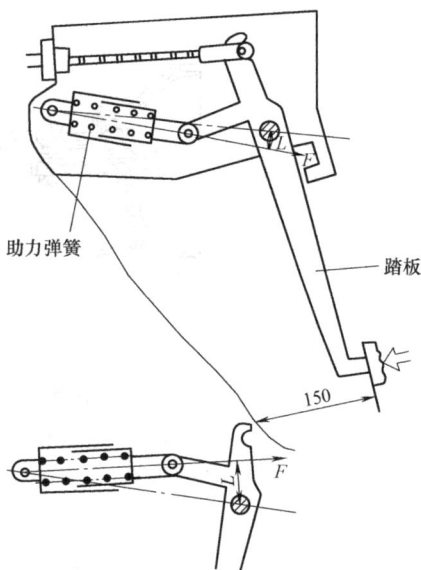

图2-13 弹簧助力式离合器操纵机构

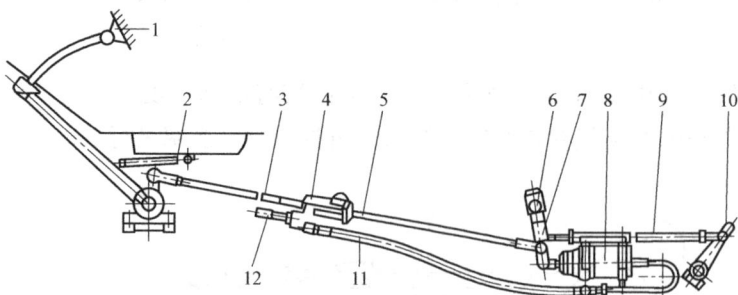

图2-14 气压助力机械式离合器操纵机构

1—离合器踏板 2—踏板复位弹簧 3—第一位杆 4—控制阀 5—第二位杆
6—中间轴外管 7—中间轴内臂 8—助力气缸 9—第三位杆 10—分离叉臂
11—控制阀至助力气缸的软管 12—进气管

在离合器接合的过程中，进气阀关闭，排气阀打开，助力缸内的压缩空气逐渐由排气阀排出，实现离合器的接合。离合器踏板松开得越慢，则排气阀打开得越小，压缩空气排出得越慢，离合器接合就越柔和。

在离合器接合或分离的过程中，若离合器踏板保持在某一位置时，则进、排气阀都关闭，助力缸的气压与离合器压紧弹簧产生的总抗力平衡，离合器维持某一接合力。此位置越低，平衡气压越大，踏板力也越大。

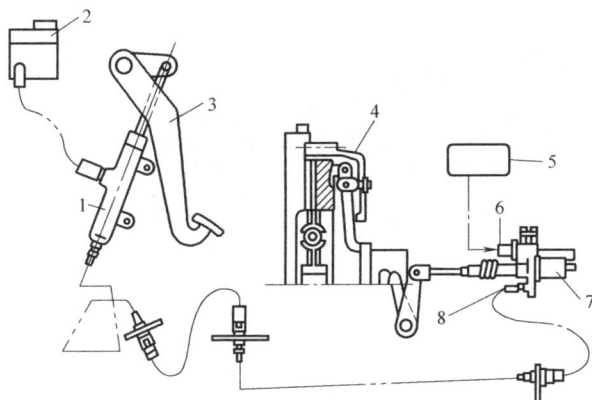

图 2-15 气压助力液压式离合器操纵机构
1—离合器总泵 2—储油罐 3—离合器踏板 4—离合器总成
5—贮气罐 6—进气阀 7—助力器 8—排气阀

【任务实施】

离合器的拆装

一、实施目的

1）会描述汽车离合器的构造。

2）能说出汽车离合器各组成部分的功用。

二、技能训练准备

（1）所需设备 实训用车辆和基本拆装工具。

（2）工具和材料 维修手册和拆装专用工具。

（3）安全防护用品 标准作业装、安全鞋和手套等。

三、技术规范与注意事项

1）严禁违规操作。

2）注意穿戴好防护用具。

3）使用维修手册时，要注意避免残缺不全，资料应与使用车辆的型号相对应。

4）要遵守维修手册规定的其他技术和安全要求。

四、实施步骤及方法

1. 检修作业的准备及预检

1）与小组成员共同清洁整理场地。　　　　　　　　　□ 任务完成

2）清点所需工、量具的数量和种类。　　　　　　　　□ 任务完成

3）检查设备，工、量具的性能是否良好。　　　　　　□ 任务完成

2. 汽车离合器的认识

认识汽车离合器，并写出图 2-16 中各零部件的名称。

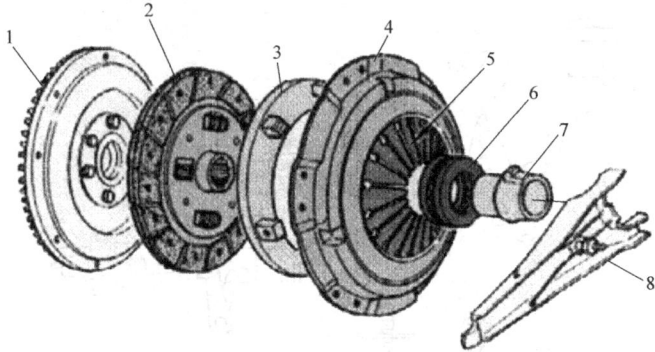

图 2- 16　汽车离合器

1—_____　2—_____　3—_____　4—_____　5—_____

6—_____　7—_____　8—_____

3. 桑塔纳 2000GLi 型轿车离合器的拆装

（1）离合器的拆卸

1）首先拆下变速器（详见本章变速器拆卸与安装部分）。

2）用专用工具 10-201 固定飞轮（图 2-17），然后逐渐将离合器压盘的固定螺栓对角拧松，取下离合器盖及压盘总成，并取下离合器从动盘。

3）按图 2-18 和图 2-19 以及图 2-20 所示的顺序分解离合器各部件。如图 2-21 所示为离合器压盘和从动盘示意图。

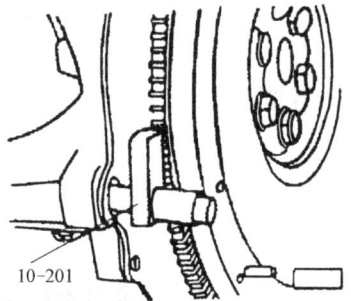

图 2-17　用专用工具固定飞轮

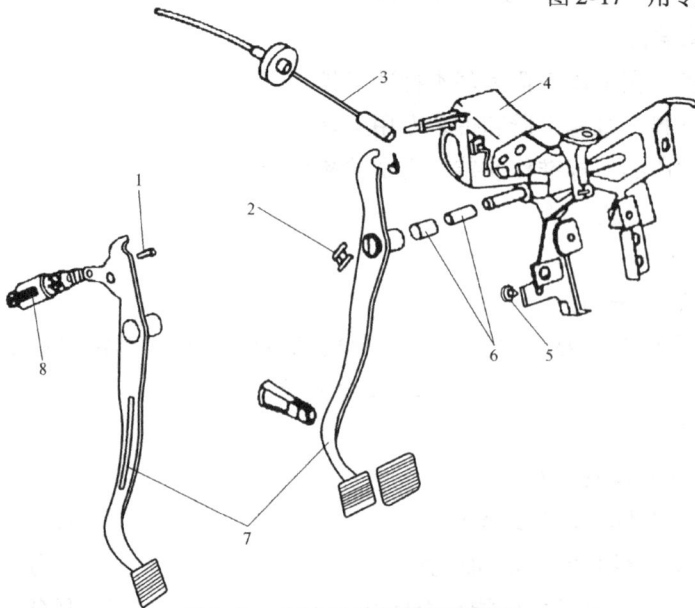

图 2-18　离合器踏板装置分解图

1—连接销　2—保险装置　3—离合器拉索　4—踏板支架　5—限位块

6—轴承衬套　7—离合器踏板　8—助力弹簧

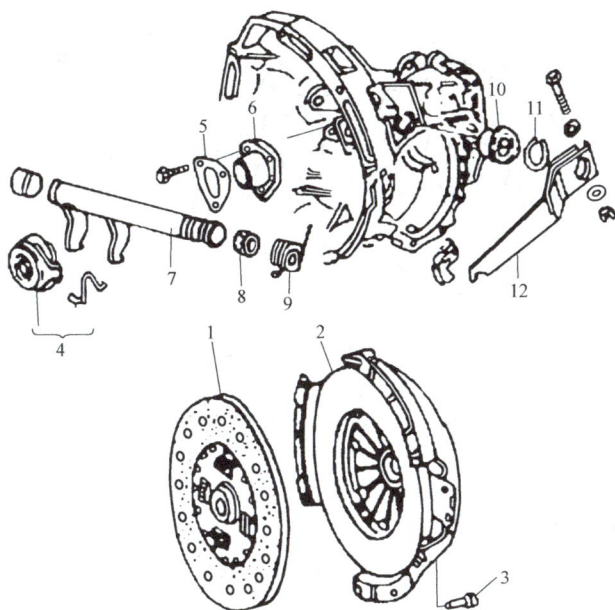

图 2-19　离合器结构图（一）

1—离合器从动盘　2—膜片弹簧与压盘　3—固定销　4—分离轴承

5—分离轴承垫圈　6—离合器轴承螺栓　7—分离叉轴　8—卡簧

9—复位弹簧　10—橡胶防尘套　11—挡圈　12—分离轴传动臂

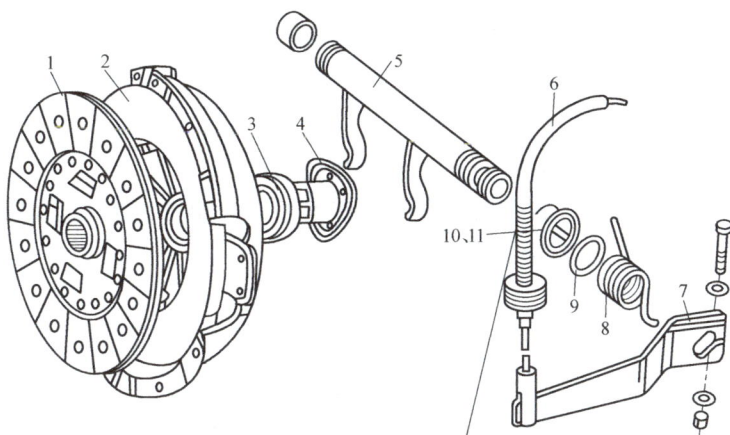

离合器的自由间隙可以通过
螺杆套之间的螺母进行调节

图 2-20　离合器结构图（二）

1—离合器从动盘　2—膜片弹簧与压盘　3—分离轴承　4—分离套筒　5—分离轴

6—拉索　7—传动杆　8—弹簧　9—卡簧　10、11—轴承套及密封件

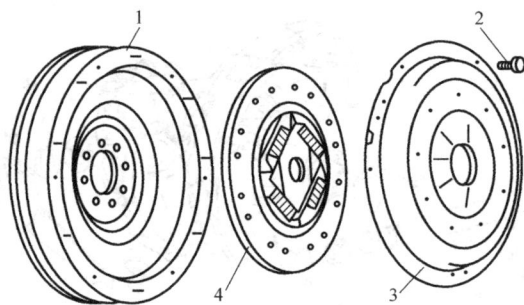

图 2-21 离合器压盘和从动盘

1—飞轮 2—六角螺栓或圆柱头螺栓（拧紧力矩为 25N·m）

3—压盘 4—从动盘（弹簧保持架朝向压盘）

（2）离合器的安装

1）用专用工具 10-201 固定飞轮。

2）如图 2-22 所示，用专用工具 10-213 将离合器从动盘定位于飞轮和压盘中心。

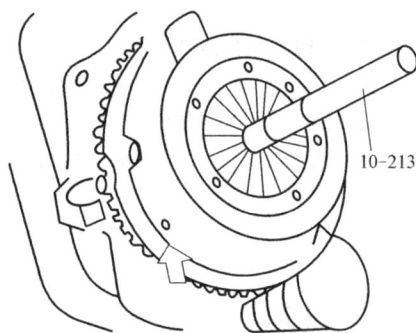

图 2-22 离合器的安装

3）装上紧固螺栓，并用 25N·m 的力矩对角逐渐拧紧。

（3）压盘平面度的检查 离合器压盘平面度误差不应超过 0.2mm，可用钢直尺放平后用塞尺进行测量，如图 2-23 所示。

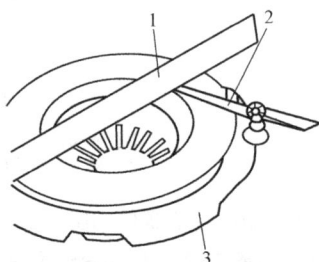

图 2-23 离合器压盘平面度的检查

1—钢直尺 2—塞尺 3—压盘

【评价与反馈】

班级＿＿＿＿＿＿＿＿ 姓名＿＿＿＿＿＿＿＿ 指导教师＿＿＿＿＿＿＿＿

序号	考核项目	配分	考核内容		配分	考核标准	得分
1	出勤/纪律	5	出勤		2	违规一次不得分	
			行为规范		3	违规一次不得分	
2	安全/防护/环保	20	着装		4	违规一次不得分	
			个人防护		4	违规一次不得分	
			5S/EHS		4	违规一次不得分	
			设备使用安全		4	违规一次不得分	
			操作安全		4	违规一次不得分	
3	知识水平	20	知识测试成绩		20	按测验成绩的20%计	
4	技能考核	40	准备	清点工、量具，清理工位	1	未做不得分	
				清洁对象外观	1	未做不得分	
				检查电源开关	1	未做不得分	
				安装各种防护套	2	未做不得分	
				发动机舱预检	5	操作不正确扣1~5分	
			离合器的拆装	离合器零部件的认识	8	操作不正确扣1~8分	
				离合器的拆卸	8	操作不正确扣1~8分	
				离合器的安装	7	操作不正确扣1~7分	
				压盘平面度的检查	7	操作不正确扣1~7分	
5	学习能力	10	填写工单，制订工艺计划		4	未做不得分	
			组内活动情况		4	酌情扣1~4分	
			资料查询和收集		2	未做不得分	
6	任务拓展	5	知识拓展任务		2	未做不得分	
			技能拓展任务		3	未做不得分	
7	总分	100					

【教师评估】

序　号	优　点	存在问题	解决方案

教师签字：

任务二　变速器的构造与维修

【任务目标】

目 标 类 型	目 标 要 求
认知目标	1. 了解变速器的结构 2. 了解变速器的工作原理
技能目标	1. 熟悉变速器的结构 2. 查询维修资料，对变速器进行检测和维修
情感目标	1. 注意机械伤害 2. 养成良好的作业习惯

【任务描述】

　　一辆汽车在加速、减速或爬坡时，出现变速杆自动跳回空挡的故障，车主将该车送入汽车4S店。经维修人员的检查，决定对该车的变速器进行拆装与检修。

【任务分析】

　　故障原因：

　　1）变速杆没有调整好或变速杆弯曲，远程控制杆机构磨损或调整不良。

　　2）拨叉轴向自由行程过大或凹槽位置不正确，拨叉轴凹槽磨损及拨叉磨损、变形。

　　3）自锁钢球磨损或破裂，自锁弹簧弹力不够或弹簧折断。

　　4）变速器轴和轴承磨损松旷或轴向间隙过大，造成轴转动时齿轮啮合不足而发生跳动和轴向窜动。

　　5）齿轮或接合套严重磨损，沿齿长方向磨成锥形。

　　6）同步器磨损或损坏。

　　7）变速器壳松动或与离合器壳没对准。

【相关知识】

一、变速器的功用

1. 变速

通过改变传动比扩大汽车驱动力和速度的变化范围，以适应经常变化的行驶条件，同时使发动机在最有利的条件下工作。

2. 变向

在发动机旋转方向不变的条件下，使汽车能倒向行驶。

3. 变矩

通过各挡位的变化，改变变速器输出转矩，以满足在各种路面的行驶。

二、变速器的类型

1. 按传动比的变化方式分类

按传动比的变化方式，变速器可分为有级式、无级式和综合式三种。

（1）有级式变速器　有几个可选择的固定传动比，采用齿轮传动。有级式变速器又可分为齿轮轴线固定的普通齿轮变速器和部分齿轮（行星齿轮）轴线旋转的行星齿轮变速器两种。

（2）无级式变速器　传动比可在一定范围内连续变化，常见的有液力式、机械式和电力式等。

（3）综合式变速器　由有级式变速器和无级式变速器共同组成，其传动比可以在最大值与最小值之间几个分段的范围内作无级变化。

2. 按操纵方式分类

按操纵方式，变速器可分为强制操纵式、自动操纵式和半自动操纵式三种。

（1）强制操纵式变速器　即手动变速器（MT），靠驾驶人直接操纵变速杆换挡，如图2-24所示。

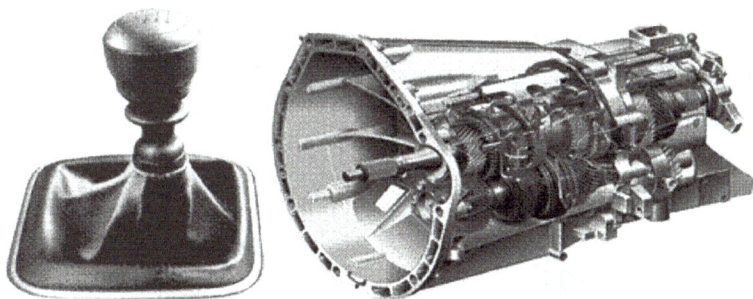

图2-24　手动变速器

（2）自动操纵式变速器　即自动变速器（AT），传动比的选择和换挡是自动进行的，驾驶人只需操纵加速踏板，变速器就可以根据发动机的负荷信号和车速信号来控制执行元件，实现挡位的变换，如图2-25所示。

（3）半自动操纵式变速器　即手自一体变速器（AMT）。手自一体变速器换挡时，部分挡位自动换挡，部分挡位手动（强制）换挡，如图2-26所示。

图2-25　自动变速器

图 2-26 手自一体变速器

三、手动变速器的工作原理

1. 齿轮传动变速原理

手动变速器是利用不同齿数的齿轮啮合传动的组合实现转速和转矩的改变的。

（1）传动比 设主动齿轮的转速为 n_1，齿数为 Z_1；从动齿轮的转速为 n_2，齿数为 Z_2。主动齿轮（即输入轴）的转速与从动齿轮（即输出轴）的转速之比称为传动比，用 i 表示。

$$i = n_1/n_2 = Z_2/Z_1$$

（2）变速原理 一对齿数不同的齿轮啮合传动时，若小齿轮为主动齿轮，带动大齿轮转动，转速降低，转矩增大；若大齿轮驱动小齿轮时，转速升高，转矩降低，这就是齿轮传动的变速原理，如图 2-27 所示。

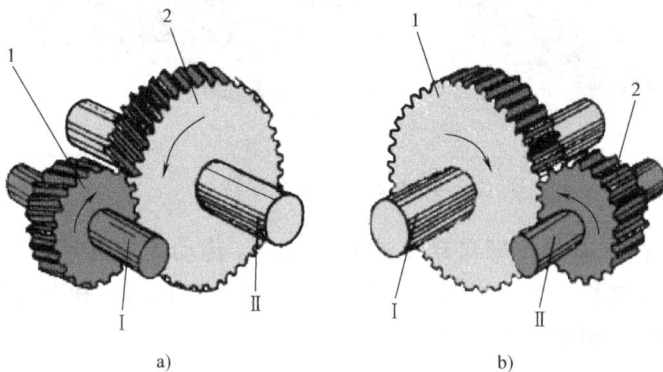

图 2-27 齿轮传动的变速原理

a）减速传动 b）增速传动

Ⅰ—输入轴 Ⅱ—输出轴 1—主动齿轮 2—从动齿轮

2. 换挡原理

当 $i > 1$ 时，为减速增矩传动，其挡位称为降速挡；

当 $i < 1$ 时，为增速降矩传动，其挡位称为超速挡；

当 $i = 1$ 时，为等速等矩传动，其挡位称为直接挡。

习惯上把变速器传动比值较小的挡位称为高挡，传动比值较大的挡位称为低挡。变速器挡位的变换称为换挡，由低挡向高挡变换称为加挡（或升挡），反之称为减挡（或降挡）。

变速器就是通过挡位变换来改变传动比，从而实现多级变速的。

3. 变向原理

由齿轮传动原理可知，一对相啮合的外齿轮旋向相反，每经过一对传动副，其轴改变一次转向。故倒挡的实现是在输入齿轮与输出齿轮之间增加了一个中间齿轮（称惰轮），从而改变输出齿轮的旋转方向，如图 2-28 所示。

四、变速器传动机构

1. 普通齿轮变速器的变速传动机构

（1）作用　变速传动机构是变速器的主体，其主要作用是改变速度比与旋转方向。

（2）三轴式变速器的变速传动机构

1）三轴式变速器的结构。三轴五挡变速器有五个前进挡和一个倒挡，由壳体、第一轴（输入轴）、第二轴（输出轴）、中间轴、倒挡轴、各轴上齿轮和操纵机构等组成。

在该变速器上，各轴上的倒挡齿轮均为直齿圆柱齿轮，采用移动齿轮换挡方式。其余各齿轮全部为斜齿圆柱齿轮，具有传动平稳的特点，并且全部采用同步器换挡。在五挡变速器中，往往将第五挡设计为超速挡。当变速器处于超速挡工况时，传动比小于 1，输出轴比输入轴转得要快。

如图 2-29 所示，该变速器有五个前进挡和一个倒挡，有互相平行的输入轴、输出轴、中间轴和倒挡惰轮轴。

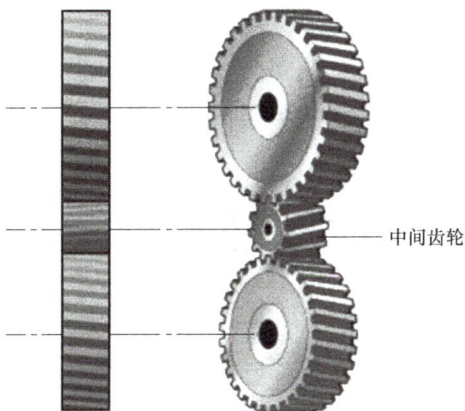

图 2-28　变向原理示意图　　　　图 2-29　三轴式变速器示意图

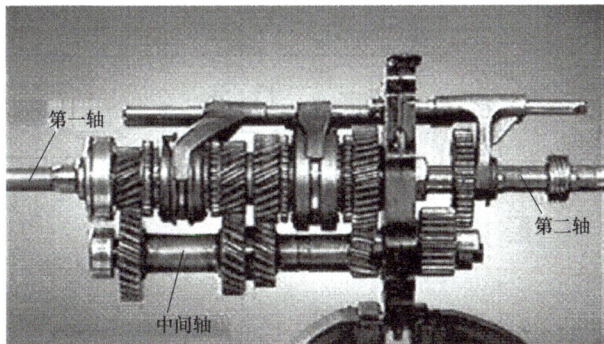

2）三轴式变速器的工作原理如图 2-30 所示，其各挡的动力传输路线如下：

一挡：输入轴→a→b→c→1→输出轴；

二挡：输入轴→a→b→d→2→输出轴；

三挡：输入轴→a→b→e→3→输出轴；

四挡：输入轴→a→b→f→4→输出轴；

五挡：输入轴→a→b→g→5→输出轴；

倒挡：输入轴→a→b→h→倒挡中间齿轮→R→输出轴。

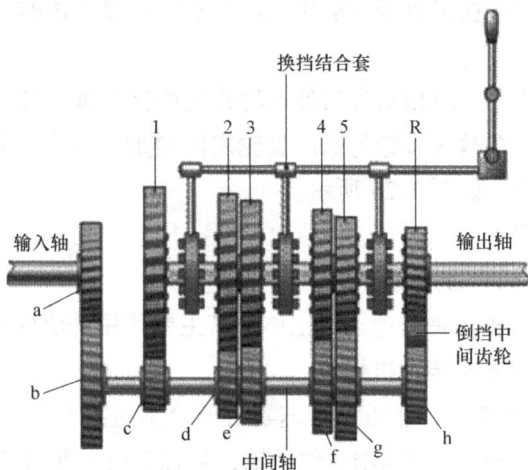

图 2-30　三轴式变速器工作原理

（3）两轴式变速器　两轴式变速器各前进挡工作时都只有一对齿轮副工作。由于它只有输入、输出两根轴，且相互平行，同步器既可布置在输入轴上，又可布置在输出轴上，结构紧凑，因此广泛应用在发动机前置前轮驱动或发动机后置后轮驱动的轿车上，如桑塔纳、富康、夏利、捷达等轿车的变速器，如图 2-31 所示。

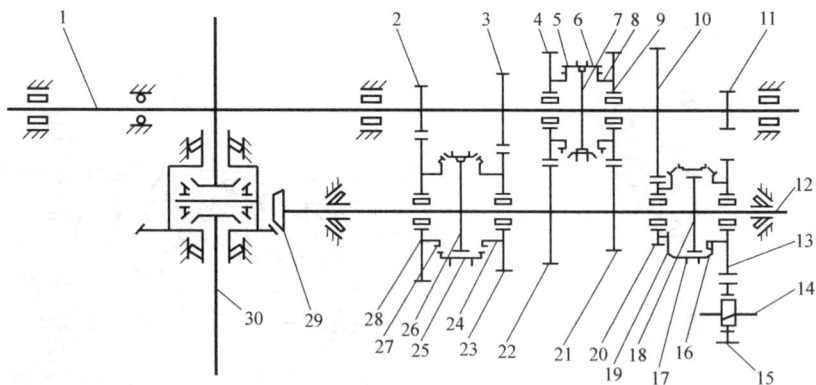

图 2-31　两轴式变速器

1—输入轴　2——挡主动齿轮　3—二挡主动齿轮　4—三挡主动齿轮　5、8、16、19、24、27—同步器锁杯　6、17、25—同步器接合套　7、18、26—同步器花键毂　9—四挡主动齿轮　10—五挡主动齿轮　11—倒挡主动齿轮　12—输出轴　13—倒挡从动齿轮　14—倒挡齿轮轴　15—倒挡中间齿轮　20—五挡从动齿轮　21—四挡从动齿轮　22—三挡从动齿轮　23—二挡从动齿轮　28——挡从动齿轮　29—主减速器主动锥齿轮　30—半轴

（4）同步器

1）作用。手动变速器在换挡过程中，必须使所选挡位的一对待啮合齿轮的圆周速度相等，才能平顺地进入啮合，即同步挂挡。如不同步而强行换挡，势必因两齿轮间存在

转速差而发生冲击和噪声，不但不易挂挡，而且影响齿轮的使用寿命，甚至折断齿轮。为了使换挡平顺，驾驶人应采取合理的换挡操作步骤，并在极短的时间内迅速而准确地完成，这容易使驾驶人疲劳。因此，要求在变速器结构上采取措施，既保证换挡平顺，又使操作简化。

同步器是在接合套换挡机构的基础上发展起来的一种自动强制同步装置，其作用是使接合套与待啮合的齿圈迅速同步，以缩短换挡时间，并防止两者在同步之前相接触而产生齿间冲击。同步器有常压式、惯性式和自行增力式等，目前广泛采用的是惯性式同步器。

2）锁环式惯性同步器。如图 2-32 所示为解放 CA1091 中货车变速器中的五、六挡同步器，它由花键毂、结合套、锁环、滑块、定位销及弹簧等组成。

锁环式惯性同步器的工作过程如图 2-33 所示，变速器此时由五挡换入六挡。当接合套 3 刚从五挡退到空挡时（图 3-33a），六挡接合齿圈 1 和接合套 3（连同锁环 2）都在其所联系的一系列运动件的惯性作用下，继续沿原方向旋转，设他们的转速分别为 n_1，n_3，n_2，则此时 $n_3 = n_2$，n_1 大于 n_3，即 n_1 大于 n_2。锁环 2 在轴向是自由的，故其内锥面与六挡接合齿圈 1 的外锥面并不压紧。

若要挂入六挡，可用拨叉拨动接合套 3，并通过定位销 4 带动滑块 5 一起向左移动。当滑块 5 昨断面与锁环 2 的缺口断面接触时，便推动锁环移向六挡接合齿圈 1，使其具有转速差的两锥面一经接触面便产生摩擦作用，如图 2-33b 所示。六挡接合齿圈 1 即通过摩擦作用带动锁环相对于接合套朝前转过一个角度，直到锁环的凸起部 d 与花键毂 7 缺口的另一侧面接触时，锁环便与接合套同步转动。此时，接合套的齿与锁环的凸起部 d 位于花键毂的通槽时错开了约半个齿厚，从而使接合套的齿端倒角与锁环相应的齿端倒角正好互相抵触而不能进入啮合。

随着驾驶员继续加大对接合套 3 的推力，摩擦作用就迅速使六挡接合齿圈 1 的转速降与锁环 2 相同，并一起保持同步旋转，于是惯性力矩消失。但由于轴向力 F_1 的作用，两个摩擦锥面还是紧密接合着，此时切向力 F_2 形成的拨环力矩 M_2 使锁环 2 连同六挡接合齿圈 1 及与之相连的所有零件一起相对于接合套 3 向后退转一个角度，使锁环凸起部 d 又移到花键毂 7 的通槽中央，两个花键齿圈不再抵触，此时接合套 3 压下定位销 4 继续左移，与锁环的花键齿啮合，如图 2-33c 所示。如果此时接合套 3 花键齿与六挡接合齿圈 1 的花键齿发生抵触，则作用在六挡接合齿圈 1 花键齿端斜面上的切向力使六挡接合齿圈 1 及其相连零件相对于锁环及接合套 3 转过一个角度，使接合套 3 与六挡接合齿圈 1 进入啮合，如图 2-33d 所示，而最后完成换入六挡的全过程。

上述换挡过程可简要归纳为：摩擦工作面接触产生摩擦力矩——锁环转动一个角度——锁止元件起锁止作用，阻止接合套前移——摩擦力矩增长至同步——惯性力矩消失——锁止作用消失——接合套进入啮合完成换挡。

锁环式惯性同步器轴向尺寸较小，结构紧凑，但是摩擦锥面的平均半径较小，可产生的摩擦力矩不大，因而多用于轿车和轻型货车上。

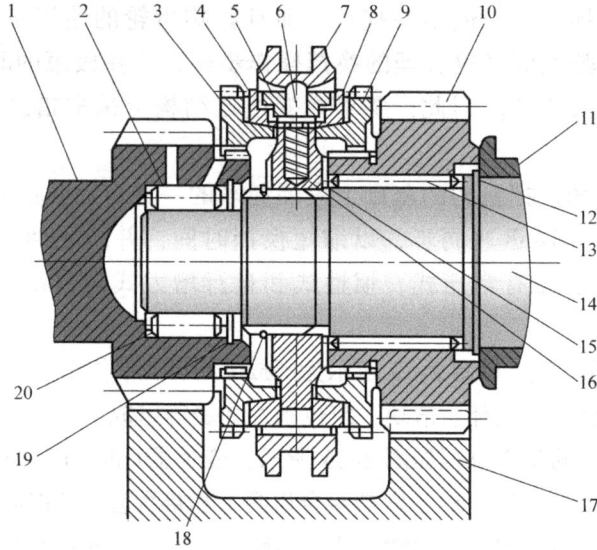

图 2-32 锁环式惯性同步器

1—第一轴 2、13—滚针轴承 3—六挡接合齿圈 4、8—锁环（同步环） 5—滑块 6—定位销 7—接合
套 9—五挡接合齿圈 10—第二轴五挡齿轮 11—衬套 12、18、19—卡环 14—第二轴 15—花键毂
16—弹簧 17—中间轴五挡齿轮 20—挡圈

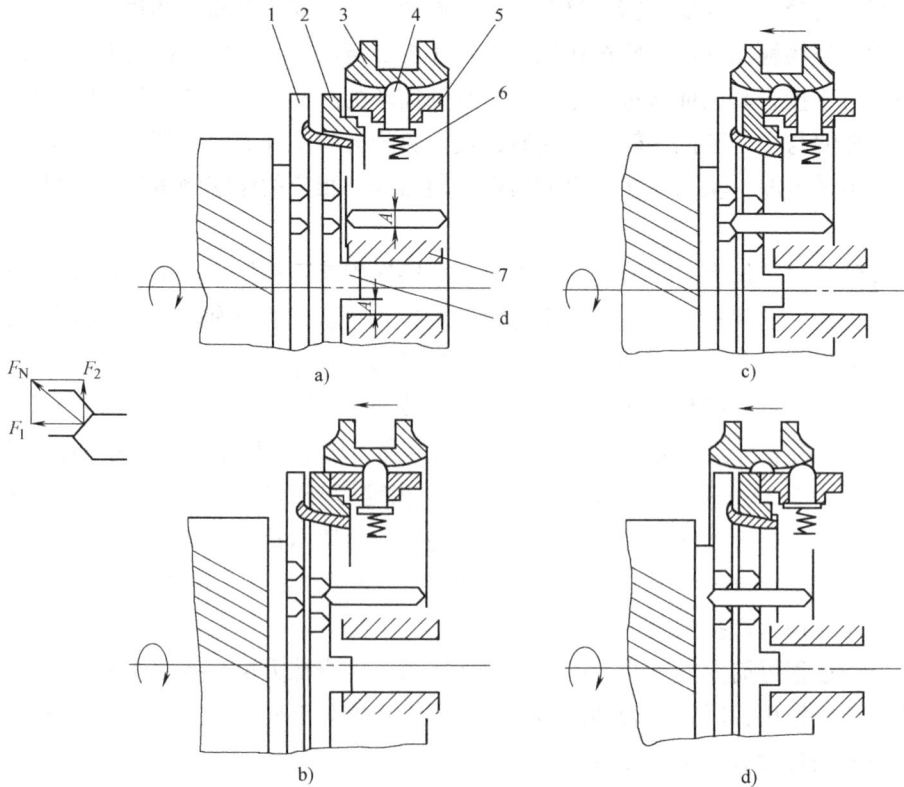

图 2-33 锁环式惯性同步器的工作过程

a）空挡位置 b）力矩形成 c）未同步前锁止 d）同步换挡

1—六挡接合齿圈 2—锁环 3—接合套 4—定位销 5—滑块 6—弹簧 7—花键毂

汽车底盘构造与维修

3）惯性锁销式同步器。惯性锁销式同步器由花键毂、接合齿圈、接合套、锁销、摩擦锥盘、定位钢球及弹簧、定位销和摩擦锥环等组成，如图 2-34 所示。

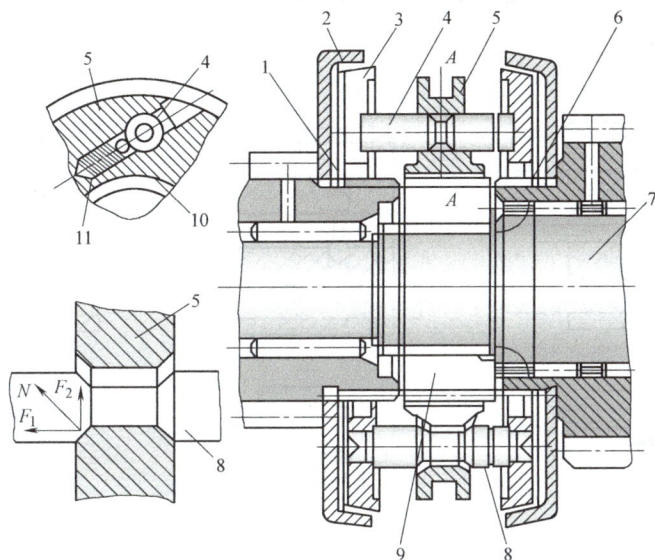

图 2-34　惯性锁销式同步器

1—五挡接合齿圈　2—摩擦锥盘　3—摩擦锥环　4—定位销　5—接合套　6—四挡接合齿圈

7—第二轴　8—锁销　9—花键毂　10—定位钢球　11—弹簧

2. 手动变速器的操纵机构

（1）功用　变速器操纵机构的功用是保证驾驶人根据使用条件，将变速器换入所需要的挡位。

（2）要求

1）设有自锁装置，防止变速器自动换挡和自动脱挡，如图 2-35 所示。

自锁装置的工作原理为：自锁弹簧把自锁钢球弹到自锁凹槽里面，从而锁住了需要挂挡的拨叉轴。

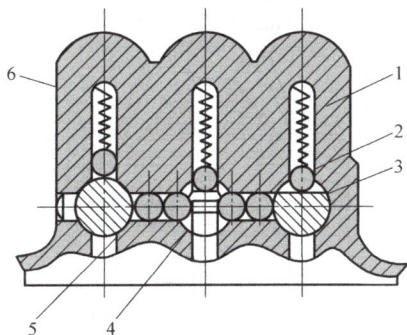

图 2-35　自锁装置

1—自锁弹簧　2—自锁钢球　3—拨叉轴

4—顶销　5—互锁钢球　6—变速器盖

2）设有互锁装置，保证变速器不会同时换入两个挡位，否则会产生运动干涉，甚至会损零件，如图 2-36 所示。

互锁装置的工作原理：当需要挂挡的拨叉轴换挡时，互锁钢球就进入到另外两个拨叉轴互锁凹槽内，实现互锁。

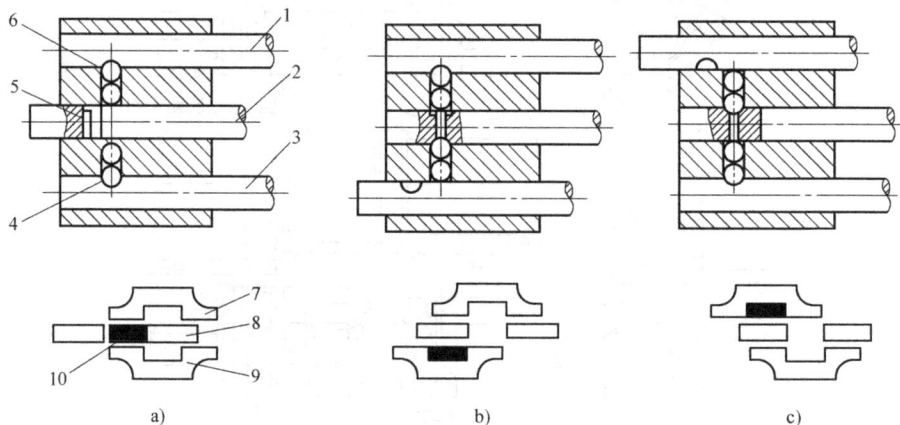

图 2-36　锁球式互锁装置的互锁原理

1、2、3—拨叉轴　4、6—互锁钢球　5—顶销　7、8、9—拨叉　10—变速杆

3）设有倒挡锁，防上误挂倒挡，否则会损坏零件或发生安全事故。常见的弹簧锁销式倒挡锁装置一般由倒挡锁和倒挡锁弹簧组成，如图 2-37 所示。倒挡锁销的杆部装有倒挡锁弹簧，其右端的螺母弹簧的预紧力和倒挡锁销的长度。如图2-37所示。三挡变速器操纵机

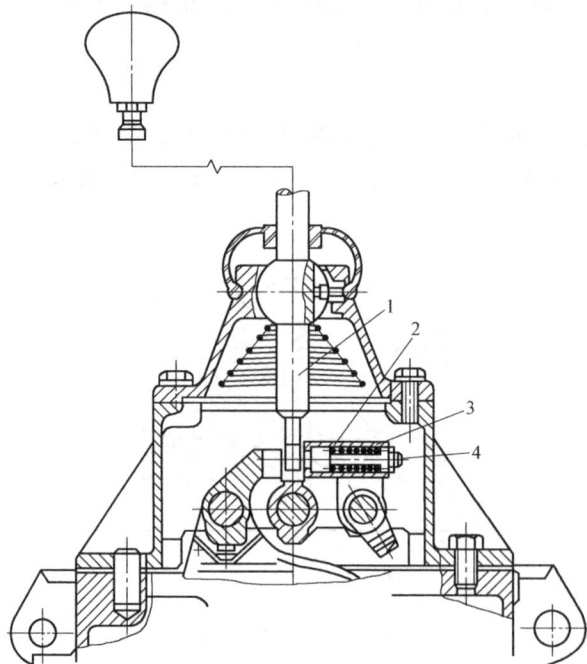

图 2-37　弹簧锁销式倒挡锁

1—变速杆　2—倒挡拨块　3—弹簧　4—锁销

构有两根拨叉轴，将自锁和互锁装置合二为一，如图 2-38 所示。

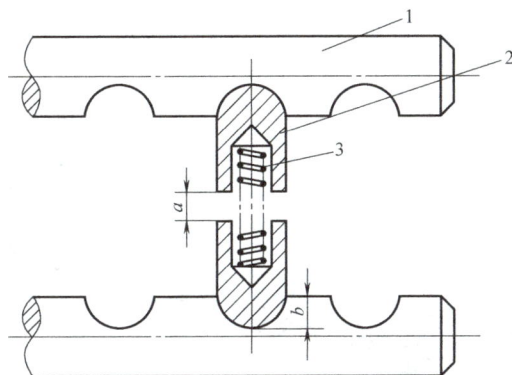

图 2-38　三挡变速器锁止装置

1—拨叉轴　2—空心锁销　3—自锁弹簧

（3）类型

手动变速器的操纵机构有直接操纵式和远距离操纵式两种。

1）直接操纵式。直接操纵式变速器的变速杆及其换挡操纵装置都设置在变速器盖上，如图 2-39 所示。

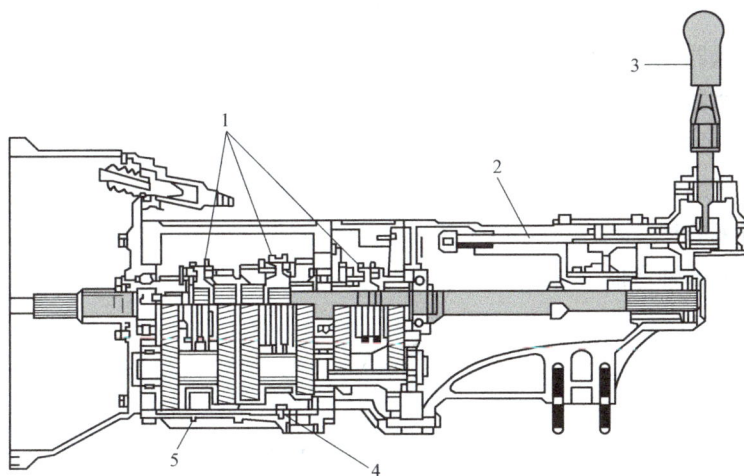

图 2-39　直接操纵式变速器

1—拨叉　2—传动杆　3—换挡操纵机构　4—变速齿轮传动机构　5—变速器壳体

2）远距离操纵式。远距离操纵式变速器的结构如图 2-40 所示。

3. 手动变速器的维修

（1）变速器壳与盖的检修　变速器壳与盖的损伤一般为裂纹、支承座和座孔磨损及壳体变形等，主要包括以下检修内容。

1）检修变速器壳与盖裂纹。

2）检修变速器壳与盖变形。

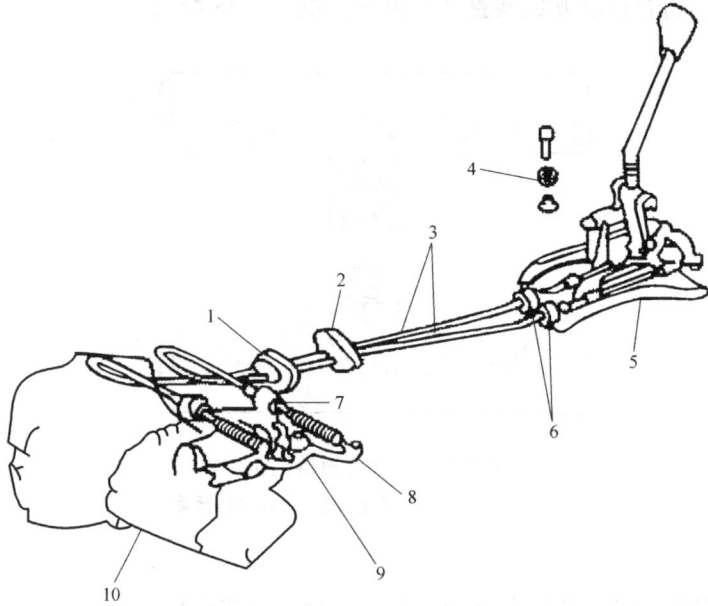

图 2-40　远距离操纵式变速器

1—固定架　2—护孔环　3—拉索　4—橡胶垫　5—控制杆固定架

6、7、8、9—橡胶隔振器　10—变速器

3）检修变速器壳轴承孔磨损。

4）检修变速器盖。

（2）变速器轴的检修

1）检修轴颈磨损。

2）检修键齿磨损。

3）检查变速器轴弯曲，如图 2-41 所示。

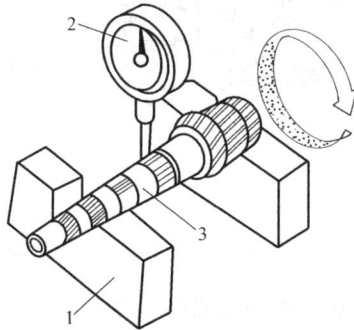

图 2-41　输出轴弯曲变形检查

1—V 形架　2—百分表　3—输出轴

（3）变速器齿轮的检修

用百分表检查变速器齿轮的啮合侧隙，如图 2-42 所示。

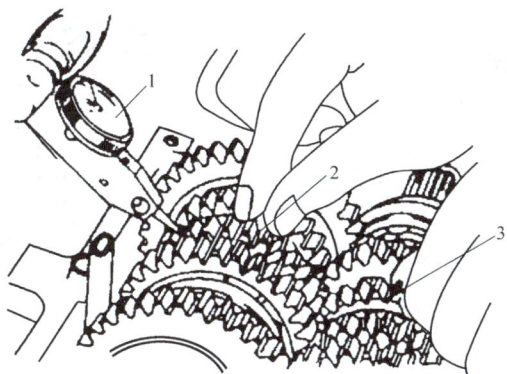

图 2-42　变速器齿轮啮合侧隙的检查
1—百分表　2—被测齿轮　3—固定齿轮

（4）同步器的检查

1）检查同步环，如图 2-43 所示。

2）检查同步器滑块，如图 2-44 所示。

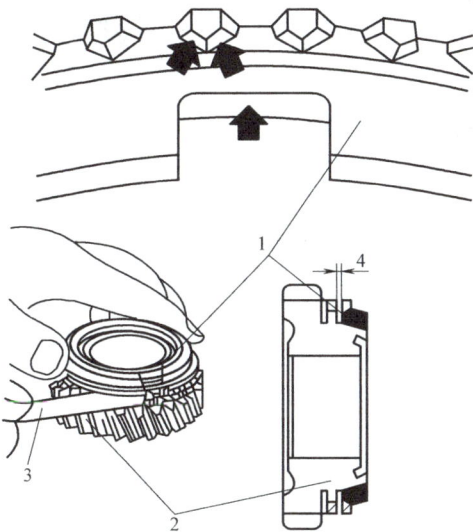

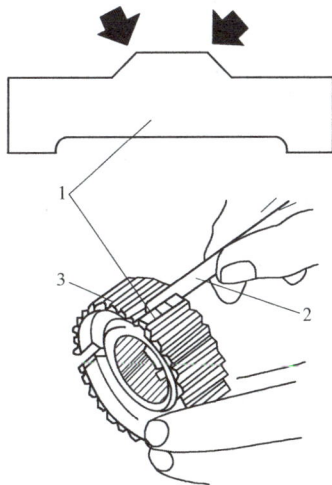

图 2-43　同步环的检查
1—同步环　2—齿轮　3—塞尺　4—端面间隙

图 2-44　同步器滑块的检查
1—滑块　2—塞尺　3—同步器毂

3）检查同步器毂，如图 2-45 所示。

4）检查同步器接合套，如图 2-46 所示。

（5）操纵机构的检修

1）检修操纵杆系。

2）检修变速拨叉轴。

3）检修换挡拨叉，如图 2-47 所示。

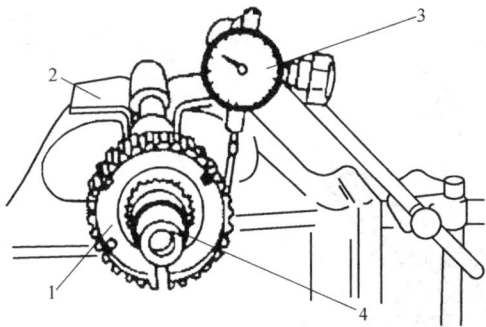

图 2-45 同步器毂的检查
1—同步器毂 2—台虎钳 3—百分表 4—轴

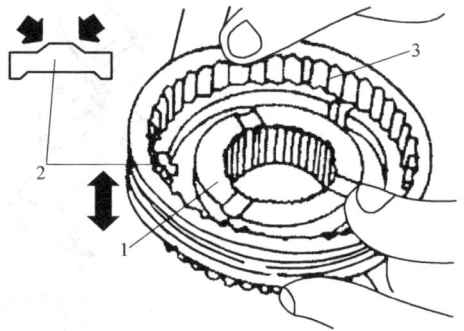

图 2-46 同步器接合套的检查
1—同步器毂 2—滑块 3—接合套

4. 变速器常见故障的诊断

变速器常见的故障为跳挡、换挡困难、乱挡、异响及漏油等。

(1) 变速器跳挡

1) 故障现象：汽车在加速、减速或爬坡时，变速杆自动跳回空挡位置。

2) 故障原因。

① 变速杆没有调整好或变速杆弯曲，远程控制杆机构磨损或调整不良。

② 拨叉轴向自由行程过大或凹槽位置不正确，拨叉轴凹槽磨损及拨叉磨损、变形。

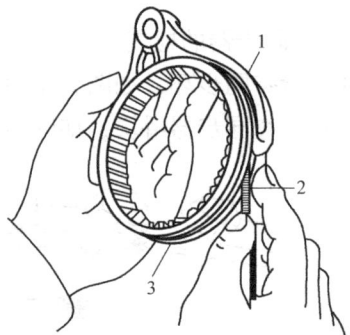

图 2-47 换挡拨叉的检查
1—换挡拨叉 2—塞尺 3—同步器接合套

③ 自锁钢球磨损或破裂，自锁弹簧弹力不够或折断。

④ 变速器轴、轴承磨损松旷或轴向间隙过大，造成轴转动时齿轮啮合不足而发生跳动和轴向窜动。

⑤ 齿轮或接合套严重磨损，沿齿长方向磨成锥形。

⑥ 同步器磨损或损坏。

⑦ 变速器壳松动或与离合器壳没对准。

3) 故障诊断与排除。

① 诊断方法：使车辆行驶，反复加速、减速，检查在各挡位上变速杆是否容易脱出，如这种方法效果不明显时，可在爬陡坡等条件下，通过发动机制动进行检查。

② 故障排除步骤。

a. 发现某挡跳挡时，仍将变速杆挂入该挡，将发动机熄火。先检查操纵机构调整是否正确，然后再拆开变速器盖检查齿轮的啮合情况和同步器的啮合情况。如果啮合情况不好，应检查轴承是否磨损松旷，拨叉是否变形，拨叉与接合套上的叉槽间隙是否过大，否则应更换或校正拨叉；如果啮合情况良好，应检查操纵机构的锁止情况。如锁止不良，需拆下拨叉轴检查自锁钢球和弹簧，如弹簧过弱、折断或拨叉轴凹槽磨损，应予以更换或修复。

汽车底盘构造与维修

b. 如齿轮啮合和操纵机构均良好，应检查齿轮是否磨成锥形以及轴是否前后移动。如果齿轮磨成锥形，应更换，轴的前后移动应调整适当。

c. 对于因变速器壳松动或与离合器壳没对准而引起的跳挡，需按规定拧紧固定螺栓。

（2）换挡困难

1）故障现象。在进行正常变速操作时，变速杆不能挂入挡位，或者勉强挂上挡后又很难退出。

2）故障原因。

① 变速杆下端磨损或控制杆弯曲。

② 拨叉或拨叉轴磨损、松旷、弯曲。

③ 自锁或互锁弹簧过硬、钢球损伤。

④ 同步器不良（磨损或损坏）。

⑤ 变速器轴弯曲变形或花键损伤。

3）故障诊断与排除。

① 诊断方法。首先应确认离合器分离状态正常，然后使发动机怠速运转，踩下离合器踏板，试进行各挡位变速动作，检查变速杆是否卡滞与沉重等。当用这种方法不易判断时，可进行实车行驶试验。

② 故障排除步骤。

a. 汽车行驶时发生换挡困难现象，首先检查离合器能否分离彻底，操纵机构能否工作。

b. 如上述情况良好，应拆开变速器盖，检查拨叉是否弯曲，如果弯曲应校正或更换。如果拨叉轴与导向孔锈蚀，可用较细的砂纸进行光磨。

c. 检查自锁和互锁装置是否良好，否则予以更换。

d. 检查拨叉的固定螺栓，若松动应予以紧固。

e. 检查变速器轴花键的损伤情况或轴的弯曲情况，酌情给予修复或更换。

f. 检查同步器磨损或损坏情况，一般同步器可检查以下几个方面。

同步环与锥体的接触状态和制动作用：在锥体上涂齿轮油，再把同步环推上锥体并回转，如环与锥体可紧密接合，则为良好。

同步环油槽与锥体的磨损状态：测量同步环推到锥体上后的间隙，如该值与规定值相等，则为良好。

同步环与接合套安装面的位置关系是否正确。

根据同步器损坏的部位，酌情更换零件或进行整体更换。

（3）变速器乱挡

1）故障现象。在离合器技术状况正常的情况下，变速器同时挂上两个挡或虽能挂上挡，但却不能挂入所需要的挡位，或者挂入后不能退出。

2）故障原因。主要是由于变速操纵机构失效引起的。

① 变速杆球头定位销磨损、折断或球孔、球头磨损、松旷。

② 拨叉槽互锁销、球头磨损严重或漏装。

3）故障诊断与排除。

① 诊断方法。使车辆行驶，操纵变速杆进行换挡试验，检查是否有同时挂上两个挡位或挂上的挡位不是所需要的挡位的情况。

② 故障排除步骤。

a. 挂需要的挡位时，结果挂入别的挡位：检查变速杆的摆转角度，若其能任意摆，且能打圈，则为定位销损坏或失效，需更换定位销，调整变速杆。

b. 当变速杆摆转角正常，仍挂不上或退不出挡位，则多为变速杆下端工作面磨损或导槽磨损，使变速杆下端从导槽中脱去，应予以修复或更换。

c. 若同时挂上两个挡位，则为互锁装置磨损或漏装零件，应进行零件更换或装复。

（4）变速器异响

1）故障现象。变速器工作时，发出不正常的声响，如金属的干摩擦声和不均匀的碰撞声等。

2）故障原因。

① 变速器操纵机构各连接处松动，拨叉变形或磨损松旷。

② 在安装变速器与发动机时，曲轴与变速器第一轴轴线不同心或变速器壳体变形。

③ 壳体轴承孔修复后，轴心发生变动或使两轴线不同心，变速器壳体前端面与第一、二轴轴心线垂直度或一、二轴与曲轴同轴度超过规定值。

④ 轴承缺油、磨损松旷、疲劳剥落或轴承滚动体破裂。

⑤ 第二轴、中间轴弯曲或花键与滑动花键毂磨损松旷。

⑥ 齿轮的磨损严重，齿侧间隙太大，齿面有金属疲劳剥落或个别齿损坏折断等。

⑦ 齿轮的制造精度差或齿轮副不匹配，维修中未成对更换相啮合的两齿轮。

⑧ 变速器缺油、润滑油过稀、过稠或质量变坏。

⑨ 变速器内掉入异物或某些紧固螺栓松动。

3）故障诊断与排除。

① 诊断方法。当发动机怠速运转时，使变速杆处于空挡位置，检查接合和分离离合器的过程中有无异响。如离合器接合时发生异响，离合器分离时异响消失，说明异响发生在变速器。也可进行实车行驶试验，检查在变速挡位有无异响。此时，应区别驱动时与怠速时的异响。

② 故障排除步骤。在排除变速器异响时，要根据响声的特点、出现响声的时机和发响的部位判断响声的原因，然后予以排除。

a. 变速器换入某一挡位时响声明显，应检查该挡齿轮和同步器的磨损及齿轮的啮合情况，若磨损严重予以更换。若齿轮接触不良，酌情更换齿轮。

b. 发动机怠速运转，变速器空挡时发响，多为常啮合齿轮响，应酌情修理或更换。

c. 变速器各挡均有异响，多为基础件、轴、齿轮、花键磨损使几何误差超限，应酌情修理或更换。

d. 变速器运转时有金属干摩擦声，多为变速器内润滑油有问题，应检查油面高度和油的质量。

e. 变速器工作时有周期性撞击声，则为齿轮个别齿损坏，应更换该齿轮。

f. 变速器工作时有间断性的异响，可能为变速器内掉入异物所引起。

（5）变速器漏油

1）故障现象。变速器壳体外围有油泄漏，变速器箱的齿轮油减少。

2）故障原因。

① 油封磨损、变形或损伤。

② 变速器壳龟裂或损伤或延伸壳破裂。

③ 通气口堵塞，放油螺塞松动。

④ 变速器的盖与壳体之间安装松动或密封垫损坏。

⑤ 齿轮油过多或齿轮油选用不当，产生过多泡沫。

⑥ 车速里程表插头锁紧装置松动或破损。

3）故障诊断。

① 诊断方法。

按油迹部位查找油液泄漏的原因。

② 故障排除步骤。

a. 检查调整变速器油量。检查齿轮油质量，如质量不佳，应更换合适的齿轮油。

b. 疏通堵塞的通气口。

c. 更换损坏的密封垫和油封。

d. 紧固松动的变速器盖、壳螺栓及放油螺塞。

e. 更换损坏的变速器壳和延伸壳。

f. 拧紧车速表插头锁紧装置。如果锁紧装置破损，应予以更换。

【任务实施】

变速器的检修

一、实施目的

1）会描述变速器的结构。

2）能说出汽车变速器各组成部分的作用。

二、技能训练准备

（1）所需设备　实训用车辆和基本拆装工具。

（2）工具和材料　维修手册、前格栅布、翼子板防护套、环保三件套、干净的抹布和车轮挡块等。

（3）安全防护用品　标准作业装、安全鞋和手套等。

（4）汽车信息收集

车牌号码：_____；车辆型号：_____；

VIN 码：_____；行驶里程：_____。

三、技术规范与注意事项

1）严禁违规操作，注意穿戴好防护用具。

2）使用维修手册时，要注意避免残缺不全，资料应与使用车辆的型号相对应。

3）要遵守维修手册规定的其他技术和安全要求。

四、实施步骤及方法

1. 检修作业的准备及预检

（1）一般准备工作

1）与小组成员共同清洁整理场地。　　　　　　　　　□ 任务完成

2）清点所需工、量具的数量和种类。　　　　　　　　□ 任务完成

3）检查设备，工、量具的性能是否良好。　　　　　　□ 任务完成

（2）安全防护准备工作

1）安装车轮挡块阻挡车轮。　　　　　　　　　　　　□ 任务完成

2）使用空挡和驻车制动。　　　　　　　　　　　　　□ 任务完成

3）安装好前格栅布及护套。　　　　　　　　　　　　□ 任务完成

（3）发动机舱预检

1）检查发动机冷却液液位。　　　　　　□ 正常　　　□ 不正常

2）检查发动机机油液位。　　　　　　　□ 正常　　　□ 不正常

3）检查制动液液位。　　　　　　　　　□ 正常　　　□ 不正常

4）检查刮水器喷洗器液面。　　　　　　□ 正常　　　□ 不正常

2. 变速器的检修

（1）变速器跳挡

1）故障现象：汽车在加速、减速或爬坡时，变速杆自动跳回空挡位置。

2）故障原因：

3）故障诊断与排除。

诊断方法：

故障排除步骤：

（2）换挡困难

1）故障现象：在进行正常变速操作时，变速杆不能挂入挡位，或者勉强挂上挡后又很难退出。

2）故障原因：

3）故障诊断与排除。

诊断方法：

故障排除步骤：

（3）变速器乱挡

1）故障现象：在离合器技术状况正常的情况下，变速器同时挂上两个挡或虽能挂上挡，但却不能挂入所需要的挡位，或者挂入后不能退出。

2）故障原因：

3）故障诊断与排除。

诊断方法：

故障排除步骤：

（4）变速器异响

1）故障现象：变速器工作时，发出不正常声响，如金属的干摩擦声和不均匀的碰撞声等。

2）故障原因：

3）故障诊断与排除。

诊断方法：

故障排除步骤：

（5）变速器漏油

1）故障现象：变速器壳体外围有油泄漏，变速器箱的齿轮油减少。

2）故障原因：

3）故障诊断与排除

诊断方法：

故障排除步骤：

【评价与反馈】

班级＿＿＿＿＿＿＿ 姓名＿＿＿＿＿＿＿ 指导教师＿＿＿＿＿＿＿

序号	考核项目	配分	考核内容		配分	考核标准	得 分
1	出勤/纪律	5	出勤		2	违规一次不得分	
			行为规范		3	违规一次不得分	
2	安全/防护/环保	20	着装		4	违规一次不得分	
			个人防护		4	违规一次不得分	
			5S/EHS		4	违规一次不得分	
			设备使用安全		4	违规一次不得分	
			操作安全		4	违规一次不得分	
3	知识水平	20	知识测试成绩		20	按测验成绩的20%计	
4	技能考核	40	准备	清点工、量具，清理工位	1	未做不得分	
				清洁对象外观	1	未做不得分	
				检查电源开关	1	未做不得分	
				安装各种防护套	2	未做不得分	
				发动机舱预检	5	操作不正确扣1~5分	
			变速器的检修	变速器跳挡	6	操作不正确扣1~6分	
				换挡困难	6	操作不正确扣1~6分	
				变速器乱挡	6	操作不正确扣1~6分	
				变速器异响	6	操作不正确扣1~6分	
				变速器漏油	6	操作不正确扣1~6分	
5	学习能力	10	填写工单，制订工艺计划		4	未做不得分	
			组内活动情况		4	酌情扣1~4分	
			资料查询和收集		2	未做不得分	
6	任务拓展	5	知识拓展任务		2	未做不得分	
			技能拓展任务		3	未做不得分	
7	总分	100					

【教师评估】

序 号	优 点	存在问题	解 决 方 案

教师签字：

任务三　万向传动装置的构造与维修

【任务目标】

目标类型	目标要求
认知目标	1. 简单叙述汽车万向传动装置的组成与功用 2. 简单叙述万向节的组成与作用 3. 正确描述传动轴的结构特点
技能目标	1. 掌握万向传动装置在汽车上的安装及其注意事项 2. 掌握万向传动装置的拆装步骤及技术要求 3. 掌握万向传动装置的检修方法
情感目标	1. 养成进行任何作业都必须先检查工具的习惯 2. 通过扩展理论知识，提高学习兴趣

【任务描述】

　　一车主反映其车辆在起步、变速过程中放松离合器踏板时，传动轴出现明显、清脆的金属敲击声。作为汽车维修人员，应该进行哪些相关的操作，才能彻底排除此故障呢？

【任务分析】

　　传动轴异响最常见的原因是万向节传动不良。当万向节轴承磨损松旷时，配合间隙会变得过大，一旦放松离合器踏板，主、从动件接触时就会产生撞击而发出金属敲击声。经检查发现该车十字轴及轴承磨损严重，更换十字轴及轴承，故障排除。

【相关知识】

　　汽车的发动机、离合器和变速器连成一体装在车架上，而驱动桥则通过悬架与车架连接，所以变速器输出轴与驱动桥的输入轴不在同一平面上。当汽车行驶时，车轮的跳动会造成驱动桥与变速器的相对位置不断变化，因此变速器的输出轴与驱动桥输入轴不可能刚性连接，应装有万向传动装置。

一、万向传动装置

1. 万向传动装置的作用

　　万向传动装置主要由传动轴和万向节组成，其作用是连接具有轴间夹角和相对位置经常发生变化的两旋转轴，并传递动力。在汽车传动系统中，万向传动装置主要用在发动机前置后轮驱动汽车的变速器与驱动桥之间，如图2-48所示。在发动机前置前轮驱动的汽车传动系统中，前轮既是驱动轮又是转向轮，作为转向轮，要求其在转向时可以在规定范围内偏转一定的角度；作为驱动轮，则要求其半轴在车轮的偏转过程中不间断地传递动力。因此，半轴不能制成整体，而必须分段，中间用等速万向节连接。万向传动装置除了用于汽车传动系统外，还可用于动力输出装置和转向操纵机构等。

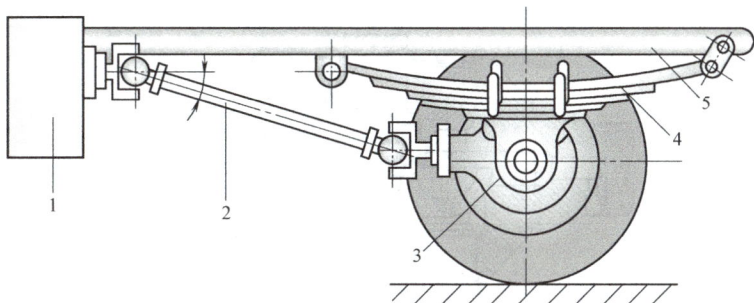

图 2-48　汽车万向传动装置

1—变速器　2—万向传动装置　3—驱动桥　4—后悬架　5—车架

2. 万向节

按其在旋转方向上是否有明显的弹性，万向节可分为刚性万向节和挠性万向节。刚性万向节又分为不等速万向节、准等速万向节和等速万向节。

不等速万向节主要有十字轴式万向节；常见的准等速万向节有双联式和三销轴式两种，它们的工作原理与双十字轴式万向节实现等速传动的原理是一样的；常见的等速万向节为球笼式万向节，也有采用球叉式万向节或自由三枢轴万向节的。

（1）十字轴式万向节　十字轴式刚性万向节为汽车上广泛使用的不等速万向节，允许相邻两轴的最大交角为15°～20°，如图2-49所示。十字轴式万向节由一个十字轴、两个万向节叉和四个滚针轴承组成。两个万向节叉孔分别套在十字轴的相对轴颈上，当主动轴旋转时，从动轴既可以随之转动，又可以绕十字轴中心在任意方向摆动，这样就适应了夹角和距离同时变化的需要。为了润滑轴承，十字轴上一般装有注油嘴，并有油路通向轴颈。润滑油可以从注油嘴注入到十字轴轴颈的轴承座圈处。十字轴式刚性万向节具有结构简单、传动效率高的优点，但是在两轴交角不为零的情况下，不能传递等角速转动。

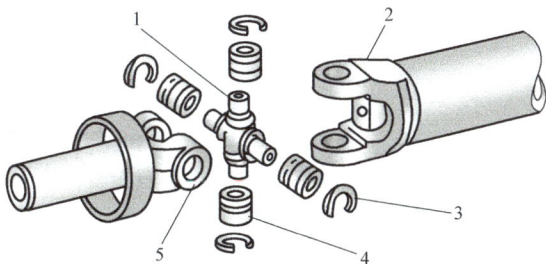

图 2-49　十字轴式万向节

1—十字轴　2—传动轴叉　3—卡环　4—轴承　5—万向节叉

（2）双联式万向节　双联式万向节实际上是一套将传动轴长度缩减至最小的双十字轴式万向节等速传动装置，其双联叉相当于传动轴及两端处在同一平面上的万向节叉。当输出轴与输入轴的交角较小时，处在圆弧上的两轴轴线交点离上述中垂线很近，能使两轴角度接近相等，所以称双联式万向节为准等速万向节，如图2-50所示。

（3）球笼式万向节　球笼式万向节又分为固定球笼式万向节和伸缩式万向节。球笼式等速万向节的分解图如图2-51所示。

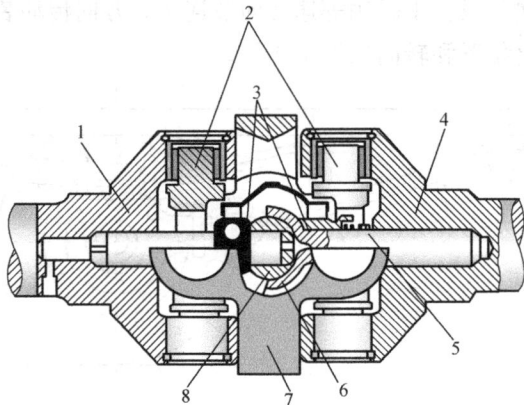

图 2-50 双联式万向节
1、4—万向节叉 2—十字轴 3—油封 5—弹簧
6—球碗 7—双联叉 8—球头

球笼式万向节由球形壳、保持架、星形套和钢球等组成。星形套由内花键与主动轴相连，外表面由六条凹槽形成内滚道。球形壳内表面由相应凹槽形成外滚道，六个钢球分别装于各条凹槽中，并由保持架保持在一个平面内。

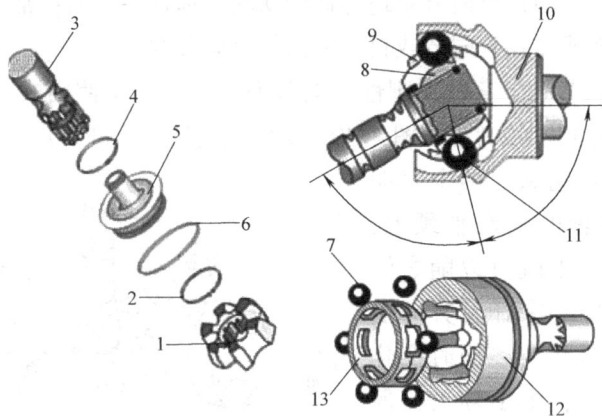

图 2-51 球笼式等速万向节
1、8—星形套（内滚道） 2—卡环 3—主动轴 4、6—钢带箍 5—外罩
7、11—钢球 9、13—保持架（球笼） 10、12—球形壳（外滚道）

（4）挠性万向节 挠性万向节依靠弹性元件的弹性变形来适应变交角两轴间的传动。因为弹性元件的弹性变形量有限，一般挠性万向节用于两轴交角不大于 3°～5°的万向传动中，通常用于连接车架和车身，以消除安装误差和变形的影响。一般用在转向系统中，其结构如图 2-52 所示。

二、传动轴与中间支承

1. 传动轴

在发动机前置后轮驱动的汽车上，连接变速器与驱动桥的传动轴部件由传动轴及其两端

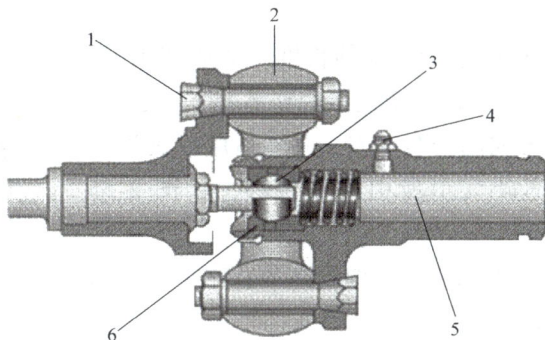

图 2-52　挠性万向节

1—螺钉　2—橡胶　3—中心钢球　4—油嘴　5—传动凸缘　6—球座

焊接的花键毂和万向节叉组成，如图 2-53 所示。

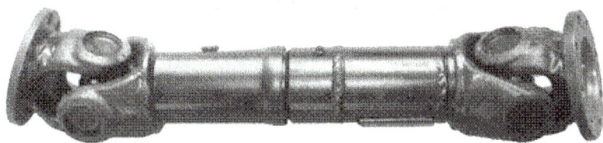

图 2-53　传动轴

（1）传动轴的构造　传动轴多做成空心的，一般用厚度为 1.5～3.0mm 的薄钢板卷焊而成。在转向驱动桥的万向传动装置中，传动轴通常做成实心轴。

当传动轴过长时，其自振频率会降低，高转速下容易发生共振。为了防止传动轴的共振，通常将传动轴分成两段，并装有中间支承以提高其刚度。传动轴分成两段时，一般把前端称为中间传动轴，后端称为主传动轴。中间传动轴前端通过万向节与变速器相连，后端用中间支承悬挂在车架上。主传动轴前端通过万向节与中间传动轴相连，后端与驱动桥的输入端相连。由于采用了两根传动轴，缩短了传动轴的长度，其临界转速提高，从而保证了传动轴的安全性和可靠性。

（2）伸缩节　花键啮合长度应保证传动轴在各种工作情况下。既不脱开又不顶死，因此在传动轴上装有伸缩节，其结构如图 2-54 所示。

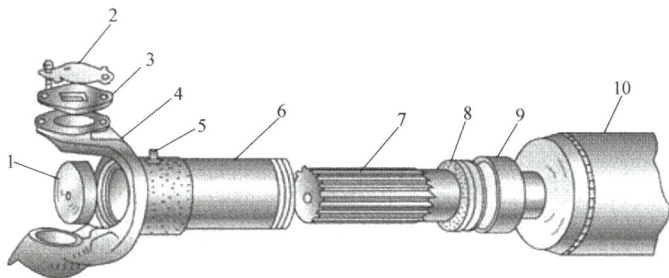

图 2-54　传动轴伸缩节

1—盖子　2—盖板　3—盖垫　4—万向节叉　5—注脂嘴　6—伸缩套
7—滑动花键槽　8—油封　9—油封盖　10—传动轴管

2. 中间支承

（1）功用 中间支承减小传动轴的长度，增加其刚度，使工作平稳；承受径向载荷，改善变速器后轴承的工作条件；补偿传动轴轴向和角度方向的安装误差，并能适应行驶过程中由于发动机窜动或车架变形所引起的位移，如图 2-55 所示。

（2）组成 它主要由轴承支架、橡胶垫环、轴承支架前后盖板、轴承和油封等组成。

图 2-55 传动轴中间支承

【任务实施】

万向传动装置的检修

一、实施目的

1）掌握万向传动装置的拆装步骤。

2）掌握万向传动装置的检修步骤。

二、技能训练准备

（1）所需设备 货车传动轴与万向传动装置一套。

（2）工具和材料 常用汽车维修工具一套；专用夹具和工作台各一套。

（3）安全防护用品 标准作业表、安全鞋和线手套。

（4）汽车信息收集

车牌号码：＿＿＿＿＿＿＿＿＿＿＿；车辆型号：＿＿＿＿＿＿＿＿＿＿＿；

VIN 码：＿＿＿＿＿＿＿＿＿＿＿；行驶里程：＿＿＿＿＿＿＿＿＿＿＿；

维修接待意见：＿＿＿＿＿＿＿＿＿＿＿＿＿＿＿＿＿＿＿＿＿＿＿＿。

三、技术规范与注意事项

1）应将各零件在清洁的洗油中清洗干净，并确认三销轴和轴承，主动叉和从动叉，半轴凸缘，叉形支座及上、下主销和主销轴承座以及转向节和轮毂轴等符合技术要求后，方可进行安装。

2）为便于安装及避免过盈量减小，应将主动叉轴上的两滚针轴承以及从动叉轴和上、下转向主销上的滚针轴承内座圈在热机油中加热到 80℃后，再装于叉轴轴颈及上、下转向主销上。

3）装配时，应防止磕碰，并注意平衡片是否脱落。

4）待装零件应彻底清洗，特别是十字轴的油道、轴颈和滚针轴承，最好用清洁的煤油清洗后再用压缩空气吹干。

5）加注润滑脂时，既要充分又不能过量，以从油封口处或中间支承的气孔能见到少量润滑脂被挤出为宜。

6）热装主动叉轴上的两个滚针轴承时，除在热状态时以规定的力矩拧紧紧固螺母使轴

汽车底盘构造与维修

承到位和预紧外，在轴承冷却后，还应以同样的力矩再次拧紧，以防紧度不足和主动叉轴的轴向移动量增大。

四、实施步骤和方法

1. 维护作业的准备和预检

（1）一般准备工作

1）与小组成员共同清理场地。　　　　　　　　　　□ 任务完成

2）清点所需工、量具的数量和种类。　　　　　　　□ 任务完成

3）检查举升机等设备、工具的性能是否良好。　　　□ 任务完成

（2）安全防护准备工作

1）检查车辆位置。　　　　　　　　　　　　　　　□ 任务完成

2）安装车轮挡块。　　　　　　　　　　　　　　　□ 任务完成

3）安装各种防护套。

① 安装座椅套。　　　　　　　　　　　　　　　　□ 任务完成

② 安装地板垫。　　　　　　　　　　　　　　　　□ 任务完成

③ 安装转向盘套。　　　　　　　　　　　　　　　□ 任务完成

④ 安装变速杆套。　　　　　　　　　　　　　　　□ 任务完成

⑤ 拉起发动机释放杆并打开发动机舱盖。　　　　　□ 任务完成

⑥ 安装好前格栅布及护套　　　　　　　　　　　　□ 任务完成

（3）发动机舱预检

1）检查发动机冷却液液位。　　　　□ 正常　　　□ 不正常

2）检查发动机机油液位。　　　　　　□ 正常　　　□ 不正常

3）检查制动液液位。　　　　　　　　□ 正常　　　□ 不正常

4）检查刮水器喷洗器液面。　　　　　□ 正常　　　□ 不正常

2. 万向传动装置的检修

（1）传动轴的拆装与调整　　对国产中型载货汽车进行一级维护时，应进行润滑和紧固作业。对传动轴的十字轴、传动轴滑动叉和中间支撑轴承等加注润滑脂；检查传动轴各部件螺栓和螺母的紧固情况，特别是万向节叉凸缘联接螺栓和中间支撑支架的固定螺栓等，应按规定的力矩拧紧。

拆卸传动轴时，要防止汽车的移动，同时按图2-56所示的方法，在每个万向节叉的凸缘上做好标记，以确保作业后原位装复，否则极易破坏万向传动装置的平衡性，造成运转噪声变大和振动加剧。

拆卸传动轴时，应从传动轴后端与驱动桥连接处开

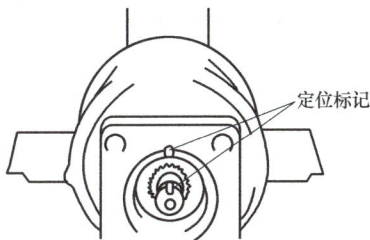

图 2-56　万向节叉定位

始，先把与后桥凸缘联接的螺栓拧松取下，然后将与中间传动轴凸缘联接的螺栓拧下，拆下传动轴总成；接着松开中间支撑支架与车架的联接螺栓，最后松下前端凸缘盘，拆下中间传动轴。

轿车前轮驱动传动轴拆卸的具体操作步骤如下：

1）卸下两侧横向稳定杆的轴承夹箍、制动卡盘和制动盘。

2）卸下相连的下控制臂外端的球形连接件，往外压球形连接件的销子，销子的情况是：□ 正常□ 过紧。如其过紧，可用管形撬棒撬出，使下控制臂与转向节臂（车轮轴承罩）脱开；使用专用工具使横向稳定杆与下控制臂脱开。

3）从转向节臂上压出转向主销，如使用撬棒时不能撬车轮轴承罩的缝隙，也不能损坏下控制臂接头和保护罩；从车身的减振器弹簧座上拆下弹簧支座密封盖，再拆下顶部弹簧支柱的紧固螺母，拆下底部支柱，将支柱从车轮轴承中拉出。

4）使用两个车轮螺栓把液压装置装到轮毂上，并把传动轴从轮毂上推下来，使传动轴外侧与轮毂分离。

（2）万向传动装置的检修

1）传动轴。传动轴轴管的损伤形式有裂纹和严重凹瘪。传动轴轴管全长上的径向全跳动公差应符合表2-1的规定。

表2-1 传动轴轴管的径向全跳动公差 （单位：mm）

轴长	≤600	600～1000	>1000
径向全跳动公差	0.6	0.8	1.0

轿车传动轴的径向全跳动公差应比表2-1相应减小0.2mm。中间传动轴支撑轴颈的径向圆跳动公差为0.10mm。当传动轴轴管的径向全跳动误差超过上表的规定时，应对传动轴进行校正或更换。

传动轴花键与滑动叉花键、凸缘叉与所配合花键的侧隙：轿车应不大于0.15mm，其他类型的汽车应不大于0.30mm，装配后应能滑动自如。

2）万向节叉、十字轴及轴承。万向节叉和十字轴的损伤形式有裂纹和磨损等。

当十字轴轴颈表面有疲劳剥落、磨损沟槽或滚针压痕深度在0.10mm以上时，应更换。当滚针轴承的油封失效、滚针断裂和轴承内圈有疲劳剥落时，应更换。

十字轴与轴承的最小配合间隙应符合原厂规定，最大配合间隙应符合表2-2的规定。十字轴及轴承装入万向节叉后的轴向间隙：剖分式轴承承孔为0.10～0.50mm；整体式轴承承孔为0.02～0.25mm；轿车为0～0.05mm。

表2-2 十字轴轴承的配合间隙 （单位：mm）

十字轴轴径	≤18	18～23	>23
最大配合间隙	符合原厂规定	0.10	0.14

（3）中间支撑的检修 中间支撑的常见损伤形式是橡胶老化和轴承磨损所引起的振动和异响等。

中间支撑的橡胶垫环开裂、油封磨损过甚而失效，轴承松旷或内孔磨损严重时，均应更换新的中间支撑。

中间支撑轴承经使用磨损后，需及时检查和调整，以恢复其良好的技术状况。以解放

CA1091 型汽车为例，其传动系统的中间支撑为双列圆锥滚子轴承，有两个内圈和一个外圈，两内圈中间有一个隔套，供调整轴向间隙用。

磨损使中间支撑轴向间隙超过 0.30mm 时，将引起中间支撑发响和传动轴严重振动，导致各传力部件早期损坏。

调整方法：拆下凸缘和中间轴承，将调整隔板适当磨薄，传动轴承在不受轴向力的自由状态下，轴向间隙在 0.15～0.25mm 范围内，装配好后用 195～245N·m 的转矩拧紧凸缘螺母，保证轴承轴向间隙在 0.05mm 左右，即转动轴承外圈而无明显的轴向间隙为宜，最后从注脂嘴注入足够的润滑脂，以减小磨损。

（4）传动轴管焊接组合件　传动轴管焊接组合件经修理后，原有的动平衡已不复存在。因此，传动轴管焊接组合件（包括滑动套）应重新进行动平衡试验。传动轴两端任一端的动不平衡量：轿车应不大于 10g·cm；其他车型应不大于表 2-3 的规定。传动轴管焊接组合件的平衡可在轴管的两端加焊平衡片，每端最多不得多于 3 片。

表 2-3　传动轴管焊接组合件的允许动不平衡量

十字轴轴径/mm	≤58	58～80	>90
最大允许动不平衡量/(g·cm)	30	50	100

【评价与反馈】

班级＿＿＿＿＿＿＿＿　姓名＿＿＿＿＿＿　指导教师＿＿＿＿＿＿＿＿

序号	考核项目	配分	考核内容		配分	考核标准	得分
1	出勤/纪律	5	出勤		2	违规一次不得分	
			行为规范		3	违规一次不得分	
2	安全/防护/环保	20	着装		4	违规一次不得分	
			个人防护		4	违规一次不得分	
			5S/EHS		4	违规一次不得分	
			设备使用安全		4	违规一次不得分	
			操作安全		4	违规一次不得分	
3	知识水平	20	知识测试成绩		20	按测验成绩的20%计	
4	技能考核	40	准备	清点工、量具，清理工位	1	未做不得分	
				清洁对象外观	1	未做不得分	
				检查电源开关	1	未做不得分	
			万向传动装置的拆装	安装各种防护套	1	未做不得分	
				发动机舱预检	3	操作不正确扣1～3分	
				万向节叉做标记	3	未做不得分	
				按拆装顺序拆装	3	操作不正确扣1～3分	

（续）

序号	考核项目	配分	考核内容		配分	考核标准	得分
4	技能考核	40	万向传动装置的检修	确认故障现象	3	操作不正确扣1~3分	
				故障诊断	3	诊断不正确扣1~3分	
				故障检修	3	检修不正确扣1~3分	
				故障排除	3	排除不正确扣1~4分	
				传动轴的调整	3	检查不正确扣1~4分	
				万向传动的误差调整	4	检查不正确扣1~4分	
				中间支承的误差调整	4	检查不正确扣1~4分	
				传动轴管焊接组合件的误差调整	4	调整不正确扣1~3分	
5	学习能力	10	填写工单，制订工艺计划		4	未做不得分	
			组内活动情况		4	酌情扣1~4分	
			资料查询和收集		2	未做不得分	
6	任务拓展	5	知识拓展任务		2	未做不得分	
			技能拓展任务		3	未做不得分	
7	总分	100					

【教师评估】

序　号	优　点	存在问题	解决方案

教师签字：

任务四　驱动桥的构造与维修

【任务目标】

目标类型	目标要求
认知目标	1. 掌握主减速器的结构和类型 2. 掌握差速器的组成、类型和结构特点 3. 掌握半轴和桥壳的构造
技能目标	1. 掌握驱动桥在汽车上的安装及其注意事项 2. 掌握驱动桥的常见故障 3. 掌握驱动桥的拆装步骤及技术要求
情感目标	1. 养成进行任何作业都必须先检查工具的习惯 2. 教学中严格按照规定流程进行，减少器材损坏

【任务描述】

一辆北京 BJ2020 型吉普车，在一次低速行驶时，突然剧烈偏向右边转向并卡死，驾驶人果断采取措施，在紧急制动的同时关闭点火开关将发动机熄火，才避免了一起车祸。拆除转向机构后，排除转向机有故障的可能，那么，这是什么原因引起车辆的什么部位出了故障呢？

【任务分析】

通过对该车前桥进行逐步的检查，查出故障发生在转向驱动桥上。原来因该车转向驱动桥右侧万向节的钢球槽磨损过其，导致传动钢球在行驶中移位，钢球偏离了球关节传动钢球滚道的环形槽，而偏侧移动，直接将球关节卡住不能移动，因而产生了转向偏向一侧卡住不能复位的情况。针对故障原因，更换转向驱动桥总成后，该车故障排除。

【相关知识】

1. 驱动桥的作用

驱动桥位于汽车传动系统的末端，主要由主减速器、差速器、半轴和驱动桥壳等组成，主要有以下功用。

1）将万向传动装置传来的发动机转矩通过主减速器、差速器、半轴等传到驱动车轮，以降低转速、增大转矩。

2）通过主减速器锥齿轮副改变转矩的传递方向。

3）通过差速器使两侧车轮可以差速运转，保证内、外侧车轮以不同的转速转向。

2. 驱动桥的类型

驱动桥按结构形式可分为断开式和非断开式两种。

（1）非断开式驱动桥　非断开式驱动桥也称为整体式驱动桥。当车轮采用非独立悬架时，驱动桥采用非断开式，其特点是半轴套管与主减速器刚性连成一体，整个驱动桥通过弹性悬架与车架相连，两侧车轮和半轴不能在横向平面内作相对运动，如图 2-57 和图 2-58 所示。

（2）断开式驱动桥　当驱动轮采用独立悬架时，两侧的驱动轮分别通过弹性悬架与车架相连，两车轮可彼此独立地相对

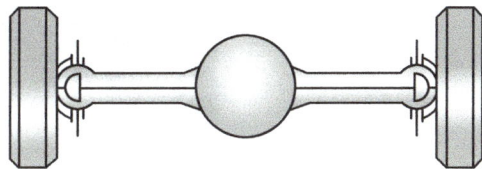

图 2-57　非断开式驱动桥（一）

于车架上下跳动。与此相对应，主减速器壳固定在车架上，半轴与传动轴通过万向节铰接，传动轴又通过万向节与驱动轮铰接，这种驱动桥称为断开式驱动桥，如图 2-59 和图 2-60 所示。

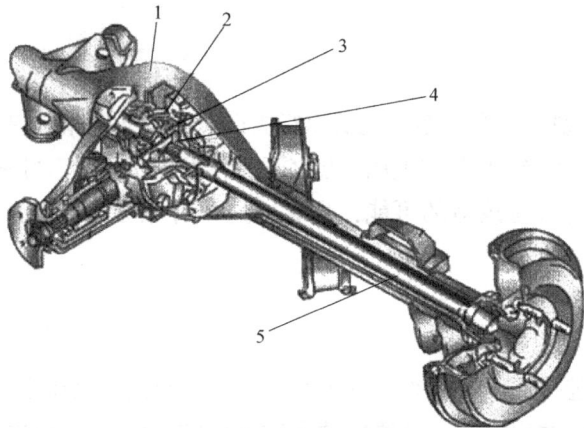

图 2-58　非断开式驱动桥（二）

1—桥壳　2—差速器壳　3—差速器行星齿轮　4—差速器半轴齿轮　5—半轴

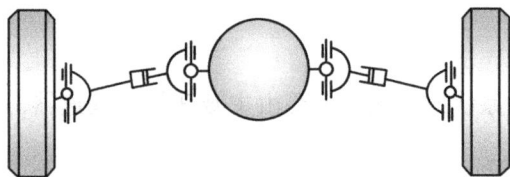

图 2-59　断开式驱动桥（一）

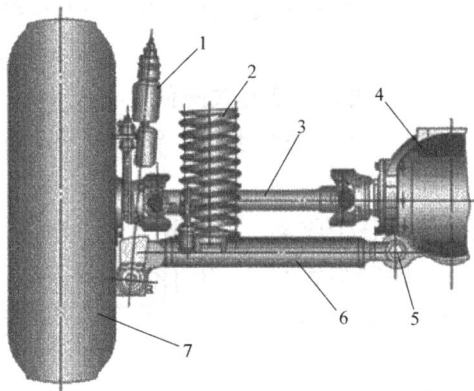

图 2-60　断开式驱动桥（二）

1—减振器　2—弹性元件　3—半轴　4—主减速器　5—摆臂轴　6—摆臂　7—车轮

3. 驱动桥的组成

（1）主减速器

1）功用。主减速器由一对大小啮合斜齿轮构成，小齿轮与输出轴制成一体，大齿轮由铆钉与差速器的外壳连在一起，并与差速器同装于驱动壳体内。

主减速器的功用是将输入的转矩增大并相应降低转速，当发动机纵置时，还具有改变转矩旋转方向的作用。

2）主减速器的类型。为了满足不同的使用要求，主减速器的结构形式也有所不同。

按参加减速传动的齿轮副数目分，有单级主减速器和双级主减速器。在双级主减速器中，若第二级减速器齿轮有两对，并分置于两侧齿轮附近，实际上成为独立部件，则称为轮边减速器。

按主减速器的传动比挡数分，有单速式和双速式。前者的传动比是固定的，后者有两个传动比供驾驶人选择，以适应不同条件的需要。

按齿轮副结构分，有圆柱齿轮式（又可分为轴线固定式和轴线旋转式及行星齿轮式）、锥齿轮式和准双曲面齿轮式。

① 单级主减速器。单级主减速器就是一个主动锥齿轮和一个从动齿轮，主动锥齿轮连接传动轴，顺时针旋转，从动齿轮贴在其右侧，啮合点向下转动，与车轮前进方向一致。由于主动锥齿轮直径小，从动齿轮直径大，可达到减速的功能，如图 2-61 和图 2-62 所示。

目前，对于轿车和一般轻型与中型货车，采用单级主减速器以及差速器即可满足汽车动力性的要求。它具有结构简单、体积小、质量小和传动效率高等优点。

图 2-61 单级主减速器（一）

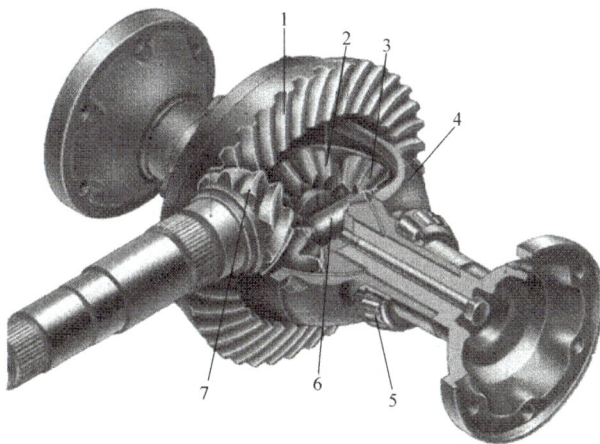

图 2-62 单级主减速器（二）

1—从动锥齿轮 2—半轴齿轮 3—行星齿轮 4—差速器壳
5—圆锥滚子轴承 6—行星齿轮轴 7—主动齿轮轴

② 双级主减速器。当汽车主减速器需要较大的传动比时，若采用单级主减速器，由于主动锥齿轮受强度和最小齿轮数的限制，其尺寸不能太小，相应地从动锥齿轮尺寸将增大，这不仅使从动锥齿轮刚度降低，而且会使主减速器壳及驱动桥外形轮廓尺寸增大，难以保证足够的离地间隙，因此需要采用双级主减速器，如图 2-63 所示。

（2）差速器

1）功用。差速器的功用是将主减速器的动力传给左右两个半轴，并在必要时允许两个半轴以不同的转速旋转，以满足两车轮差速的要求。

车辆直线行驶时，两侧车轮的行驶距离是完全相同的，并无转速差异。但是转弯时，如果继续保持这种运动状态，将会对车辆造成严重的损伤，并且无法顺利通过弯道。因为车辆在转弯行驶时，外侧车轮行驶的距离要大于内侧车轮，又由于其通过的时间相等，两侧车轮之间存在速度差，所以不能采用刚性连接。差速器的出现巧妙地解决了这一问题，它安装于两侧车轮之间，并与传动轴相连接，发动机输出的动力通过它传递给两侧车轮。当车辆转弯时，差速器可以自动调节两侧车轮的转速，从而使车辆平稳地前进，如图 2-64 所示。

图 2-63 双级主减速器

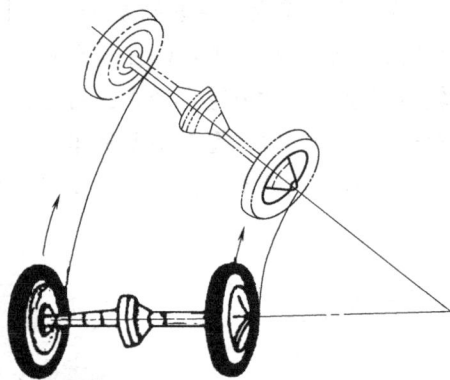

图 2-64 汽车转向时驱动轮运动示意图

汽车差速器是一个差速传动机构，用来保证各驱动轮在各种运动条件下的动力传递，能自动使两侧驱动轮以不同的转速行驶，避免轮胎与地面间打滑，如图 2-65 所示。

在全轮驱动的汽车上，差速器布置在变速驱动桥内，成为整个系统的一部分。发动机发出的转矩通过变速器传到差速器，然后再经半轴传送给驱动轮。差速器的安装位置如图 2-66 所示。

汽车差速器是驱动桥的主件，其作用就是在向两边半轴传递动力的同时，允许两边半轴以不同的转速旋转，满足两边车轮尽可能以纯滚动的形式作不等距行驶，以减少车轮与地面的摩擦。汽车发动机的动力经离合器、变速器和传动轴最

图 2-65 差速器

后传送到驱动桥，再分配给左右半轴以驱动车轮。在这条动力传递路径上，驱动桥是最后一个总成，其主要部件是减速器和差速器。

2）差速器的类型。差速器通常按其工作特性分为普通差速器和防滑差速器两大类。

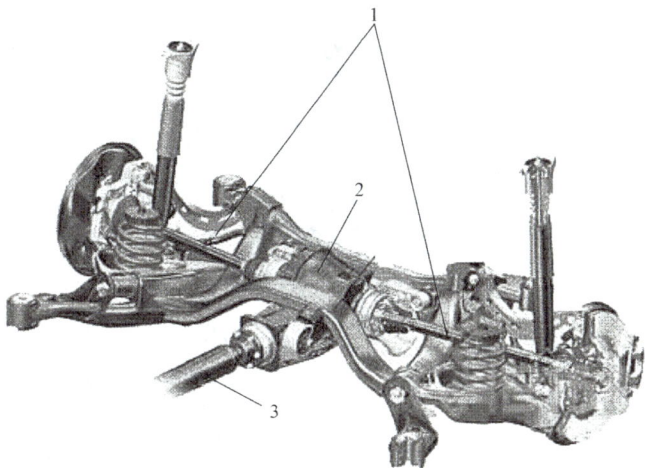

图 2-66　差速器的安装位置

1—半轴　2—差速器　3—传动轴

① 普通齿轮差速器。普通差速器中应用最广泛的是对称式行星锥齿轮差速器。

四行星齿轮差速器为典型的对称式行星锥齿轮差速器，其主要由四个圆锥行星齿轮、十字轴、两个圆锥半轴齿轮和差速器壳等组成，如图 2-67 所示。

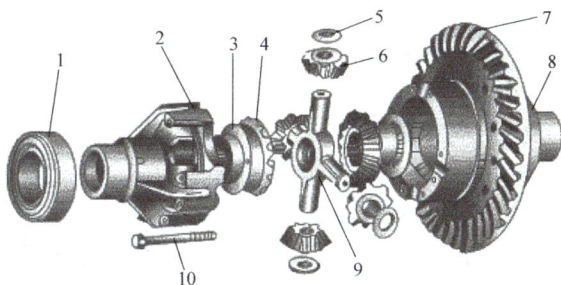

图 2-67　四行星齿轮差速器

1—轴承　2—左外壳　3—垫片　4—半轴齿轮　5—垫圈　6—行星齿轮

7—从动齿轮　8—右外壳　9—十字轴　10—螺栓

有些车型因传递的转矩较小，只有两个行星齿轮，行星齿轮轴是一根带锁止销的直轴，如图 2-68 所示。

② 防滑差速器。防滑差速器可分为人工强制锁止式和自锁式两大类。

强制锁止式差速器就是在普通对称式锥齿轮差速器上设置差速锁。这种差速锁结构简单，易于制造，转矩分配比率较高，但是操纵相当不便，一般需要停车。另外，如果过早接上或者过晚摘下差速锁，就会产生无差速器时的一系列问题，转矩分配不可变。

自锁式差速器的种类很多，有摩擦片式（图 2-69）、滑块凸轮式和变传动式等。它们的共同特点是：在两驱动轮（轮间差速器）或两驱动桥（轴间差速器）转速不同时，无需人工操纵，可自动为转速慢的车轮多分配一些转矩，从而提高汽车的通过性和稳定性。这里重

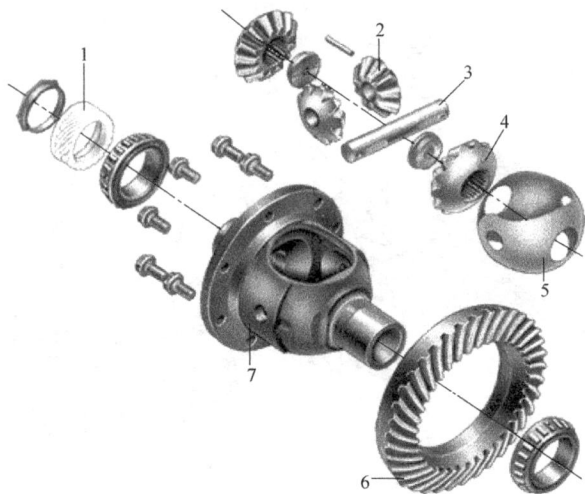

图 2-68 两行星齿轮差速器

1—里程表主动齿轮 2—行星齿轮 3—行星齿轮轴
4—半轴齿轮 5—球形垫圈 6—从动锥齿轮 7—差速器壳体

点介绍摩擦片式自锁差速器。

摩擦片式自锁差速器的工作原理：当汽车直线行驶，两半轴转速相等时，转矩平均分配给两半轴。由于差速器通过 V 形斜面驱动行星齿轮轴，使两行星齿轮轴分别向左、右通过行星齿轮使压盘压紧摩擦片，使摩擦片和压盘可传递转矩。因而，此时转矩经两条路线传给半轴：一条经齿轮传动，即经行星齿轮和半轴齿轮；另一条经摩擦传动，即摩擦片和压盘。

当汽车一侧驱动车轮在泥泞路面上打滑时，两半轴速度不等，一侧高于差速器壳转速，一侧低于差速器壳转速。于是经摩擦片传给左、右半轴的转矩方向相反，快转一侧转矩与半轴的旋转方向相反，从而减小了对其分配的转矩；慢转一侧转矩与半轴的旋转方向相同，从而加大了对其分配的转矩，即慢转车轮比快转车轮分配的转矩大。

图 2-69 摩擦片式差速器

③托森差速器。托森差速器是一种新型的自锁式轴间差速器，是将普通差速器的齿轮改成蜗轮蜗杆，而安装位置和形式并不变，借由蜗轮蜗杆传动的自锁功能来实现防滑功能。托森差速器结构紧凑，传递转矩可变范围较大且可调，所以广泛用于全轮驱动轿车的中央差速器和后驱动桥轮间差速器。但由于其在高转速转矩差时的自动锁止作用，一般不能用于前

驱动桥轮间差速器。奥迪 TT 轿车使用的就是托森差速器，如图 2-70 所示。

④ 中央防滑差速器。中央防滑差速器具有转矩感应功能，根据驱动的转矩情况能够立即自动改变前后转矩的分配，以防止打滑，也能够确保加速和高速行驶时的稳定性，如图 2-71 所示。

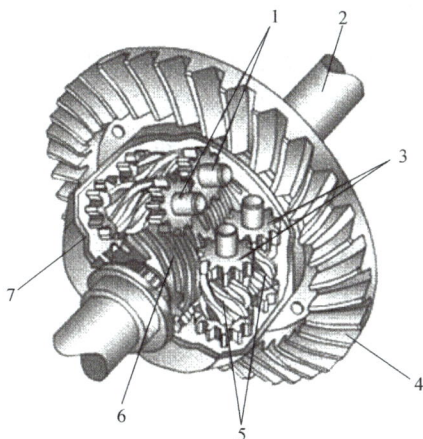

图 2-70 托森差速器

1—直齿轮轴 2—半轴 3—直齿轮 4—主减速器
从动齿轮 5—蜗轮 6—蜗杆 7—差速器壳

图 2-71 中央差速器

⑤ 黏性耦合式防滑差速器。黏性耦合式防滑差速器是由多个离合器片组合而成的，通过硅油的喷入，使左右轮胎产生回转差，然后再利用硅油的黏性作锁定，如图 2-72 所示。

硅油具有很高的热膨胀系数，当两车轴的转速差过大时，硅油的温度急剧上升，体积不断膨胀。硅油推动摩擦叶片紧密结合，这时黏性耦合器两端的驱动轴直接连成一体，即黏性耦合器锁死，这种现象被称为"驼峰现象"。这种现象的发生极其迅速，差速器骤然锁死，因此车辆很容易脱离抛锚地。一旦硅油停止工作之后，硅油的温度逐渐下降，直至充分冷却后，

图 2-72 黏性耦合差速器

驼峰现象才会消失。鉴于黏性耦合器传递转矩柔和平稳，差速响应快，被广泛应用于驱动桥的轴间差速系统，当做轴间差速器，使全轮驱动轿车的性能大幅度提高。

（3）半轴

1）功用。半轴的功用是将差速器的动力传递给驱动轮。其内端与差速器的半轴齿轮相连，而外端则与驱动轮的轮毂相连。因其传动的转矩较大，常制成实心轴。半轴的结构受到

悬架和驱动桥的结构影响。非独立悬架且发动机前置后轮驱动的汽车，半轴是一根长轴，直接将动力从差速器传递给驱动轮。断开式驱动桥和发动机前置前轮驱动的汽车，半轴分段，并用等速万向节连接，中半轴常被称为传动轴。

2）半轴的支承形式。

① 全浮式半轴。全浮式半轴只传递转矩，不承受任何反力和弯矩，因而广泛应用于各类汽车上。全浮式半轴内端借花键与半轴齿轮啮合，外端有凸缘盘，凸缘盘通过螺栓与轮毂固定在一起，轮毂通过两圆锥滚子轴承支承于桥壳上。全浮式半轴易于拆装，只需拧下半轴凸缘上的螺栓即可抽出半轴，而车轮与桥壳照样能支承汽车，从而给汽车维护带来了方便，如图 2-73 所示。

图 2-73　全浮式半轴

② 半浮式半轴。半浮式半轴既传递转矩，又承受全部反力和弯矩。其支承结构简单，成本低，因而广泛用于反力弯矩较小的各类轿车上。其半轴内端与半轴齿轮通过花键联接，内端直接通过轴承支承于桥壳内，车轮轮毂通过花键直接固定于外端上。这种半轴支承拆装麻烦，且汽车行驶中若半轴折断，易造成车轮飞脱的危险。如图 2-74 所示为半浮式半轴。

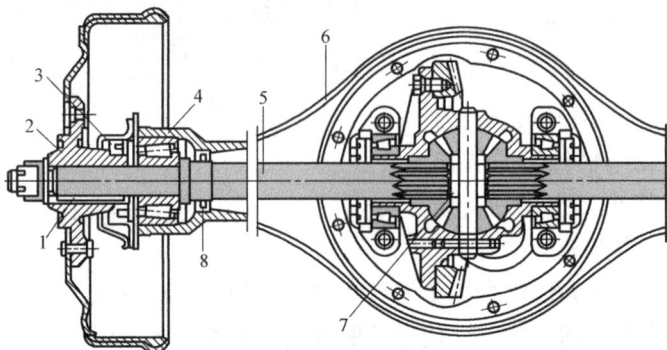

图 2-74　半浮式半轴

1—键　2—轮毂　3、8—油封　4—轴承　5—半轴　6—驱动桥壳　7—滑块

（4）桥壳

1）功用。驱动桥壳是行驶系统的主要组成件之一，其主要作用是和驱动桥一起承受车体重量；使左、右驱动轮的轴向相对位置固定；在汽车行驶时，承受驱动轮传来的各种反力和力矩，并通过悬架传给车架。

2）类型。驱动桥壳可分为整体式和分段式两种。

① 整体式桥壳与主减速器壳分开制造，用螺栓联接在一起。其结构特点是：在检查主减速器和差速器的技术状况或拆装时，不用把整个驱动桥从车上拆下来，因而维修比较方便，普遍应用于各类汽车，如图2-75所示。

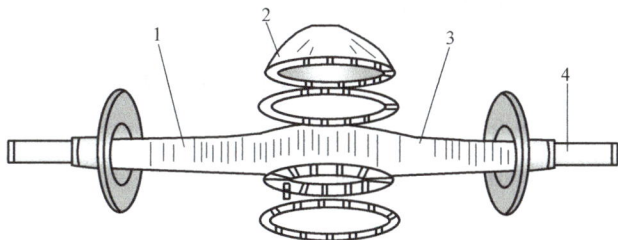

图2-75　整体式驱动桥
1—后桥壳　2—壳盖　3—钢板弹簧座　4—半轴套管

② 分段式桥壳与主减速器壳铸成一体，且一般分为两段，由螺栓连成一体。这种桥壳易于铸造，但维护主减速器和差速器时，必须把整个驱动桥拆下来，否则无法拆检主减速器和差速器，现在已很少使用，如图2-76所示。

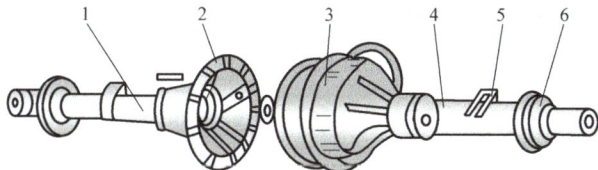

图2-76　分段式驱动桥
1、4—半轴壳　2—左桥壳　3—右桥壳　5—钢板弹簧座　6—凸缘

【任务实施】

驱动桥的检修

一、实施目的

1）掌握驱动桥的拆卸步骤。

2）掌握驱动桥的装配步骤。

二、技能训练准备

（1）所需设备　汽车驱动桥一套。

（2）工具和材料 常用汽车维修工具一套；专用夹具和工作台各一套。

（3）安全防护用品 标准作业表、安全鞋和线手套。

（4）汽车信息收集

车牌号码：_____；车辆型号：_____；

VIN 码：_____；行驶里程：_____；

维修接待意见：_____。

三、技术规范与注意事项

1）拆卸轴承、齿轮时，必须使用专用工具，不得用锤子直接敲打来进行拆卸。

2）为了保证再次装配时的装配精度，在拆卸驱动桥时应检查装配标记，如标记不清应重新做好标记。

3）驱动桥零件分解后应清洗干净，涂上润滑油以防止装配前生锈，并将零件按照装配关系整齐地摆放在干净的工作台上或油盘中。

4）严格按照相关要求对轴承预紧度、齿轮啮合印记等配合尺寸进行调整，不得随意改变技术要求。

5）对各紧固螺栓，应严格按照规定力矩拧紧。

6）支持轴承不能用其他型号轴承代替。

7）装配后的驱动桥必须按规定添加齿轮油，不得随意改变齿轮油的牌号。

四、实施步骤和方法

1. 维护作业的准备和预检

（1）一般准备工作

1）与小组成员共同清洁整理场地。   □ 任务完成

2）清点所需工、量具的数量和种类。   □ 任务完成

3）检查举升机等设备及工具性能是否良好。   □ 任务完成

（2）安全防护准备工作

1）检查车辆位置。   □ 任务完成

2）安装车轮挡块。   □ 任务完成

3）安装各种防护套。

① 安装座椅套。   □ 任务完成

② 安装地板垫。   □ 任务完成

③ 安装转向盘套。   □ 任务完成

④ 安装变速杆套。   □ 任务完成

⑤ 拉起发动机释放杆并打开发动机舱盖。   □ 任务完成

⑥ 安装好前格栅布及护套。   □ 任务完成

（3）发动机舱预检

1）检查发动机冷却液液位。   □ 正常   □ 不正常

2）检查发动机机油液位。   □ 正常   □ 不正常

3）检查制动液液位。   □ 正常   □ 不正常

4）检查刮水器喷洗器液面。 □ 正常 □ 不正常

2. 驱动桥的拆卸计划与实施

（1）主要拆卸步骤

1）拆下放油塞，将桥壳内的润滑油放干净。

2）把传动轴从后桥上拆下来。

3）拆下半轴。

4）拆下减速器总成。

5）分解差速器壳。

（2）具体拆卸步骤和要求

1）拆下放油塞将桥壳内的润滑油排放干净（图2-77）。

2）把传动轴从后桥上拆下来（图2-77）。

3）从制动轮缸（分泵）断开制动管。使用SST从制动轮缸断开制动器管（图2-78）

图2-77 拆下传动轴

图2-78 断开制动器管

4）拆下停车制动器拉索。从后板拆下两个螺栓和停车制动器钢索。

5）拆下后桥半轴。

6）拆下接合法兰。

① 使用锤子和凿子凿松螺母变形的锁住部分，使其复原后再拧下螺母。

② 使用SST固定住法兰，拆下螺母（图2-79）

③ 使用SST拆下接合法兰。

7）拆下前油封（图2-80）和甩油环

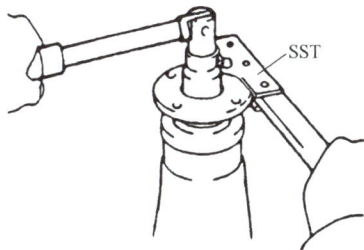

图2-79 拆下螺母

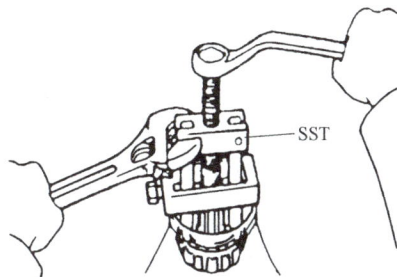

图2-80 拆下前油封

8）拆下前轴承和轴承隔套。

① 使用 SST 从壳体拆下轴承。

② 拆下轴承隔套。

9）拆下减速器壳。

① 在轴承盖和减速器壳体上做好配合标记。

② 拆下两个调整螺母锁片。

③ 拆下四个螺栓和两个轴承盖。

④ 拆下两个调整螺母。

⑤ 从减速器壳拆下带侧轴承外座圈的差速器壳。

小提示：拆前做配合记号和在拆下的零件上做标签，以便重新装配，以便正常工作。

10）拆下主动小齿轮的后轴承（图 2-81）。使用 SST 和压床从驱动小齿轮上拆下轴承。

备注：如果主动小齿轮或从动齿圈已损坏，则应成对地更换。

11）拆下前和后轴承外座圈。使用锤子和铜棒从壳体敲出外座圈（图 2-82）。

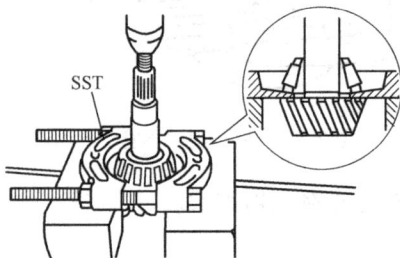

图 2-81 拆下主动小齿轮

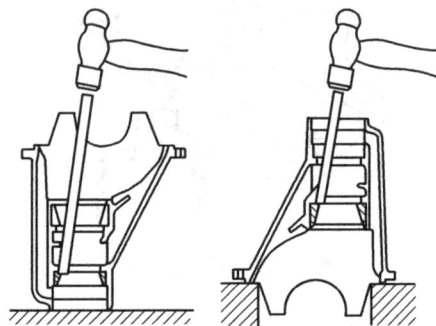

图 2-82 拆下前、后轴承外座圈

12）拆下从动齿圈。

① 拆下从动齿圈固定螺栓和锁板。

② 在从动齿圈和差速器壳上做上配合记号。

③ 使用橡胶锤或铜锤敲打从动齿圈，使其从差速器壳分开。

13）拆下侧轴承。使用 SST 从差速器壳拆下侧轴承。

14）分解差速器壳。

使用锤子和冲子敲出直销，拆下小齿轮轴、两个侧齿轮和两个止推垫圈（图 2-83）。

（3）装配计划与实施

1）装配时的注意事项。

① 预防措施：防止进入异物，如沙粒和灰尘。

② 防止擦伤零件工作表面，如使用不当的敲击和放置方法等。

③ 在安装前清洁洗刷零件。

④ 注意每个零件的安装位置和摆置方向。

⑤ 非重复使用的零件不能重复使用。

⑥ 工具的使用要合理规范。

⑦ 注意拆装的安全和5S管理。

2）制订装配计划。小组讨论主要装配计划。

① 装配差速器总成。

② 装配主驱动轴。

③ 将主驱动轴装到减速器壳内。

④ 将差速器壳装到减速器壳上。

3）具体的装配计划。

① 差速器总成的装配。

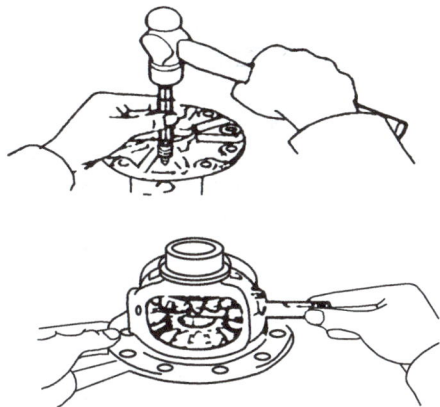

图 2-83 分解差速器壳

a. 将止推垫圈和侧齿轮、行星齿轮和行星齿轮轴装入差速器壳。

b. 使行星齿轮轴与定位销孔对准，装入定位销。

c. 安装差速器齿圈壳固定螺栓。

将要安装的齿圈加热，使其膨胀（图2-84）。

d. 将齿圈套上差速器壳，并拧紧齿圈螺栓。

Ⅰ. 在各螺栓上涂敷齿轮油。

Ⅱ. 均匀地拧紧各螺栓，每次拧紧一点点。拧紧力矩为47N·m（图2-85）。

e）将齿圈螺栓的锁止片锁上。

② 安装主驱动齿轮轴的内轴承。

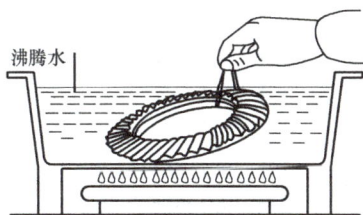

图 2-84 加热齿圈

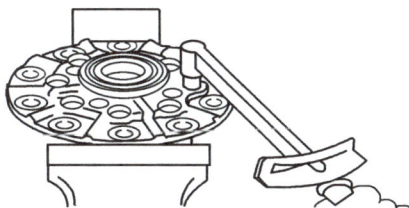

图 2-85 拧紧螺栓

③ 将主驱动齿轮安装到主减速器壳上，安装主驱动齿轮轴前轴承、隔套和甩油环。

④ 安装减速器油封（图2-86）

⑤ 安装法兰盘（图2-87）。

⑥ 将差速器总成装到减速器壳上。

⑦ 将差速器总成装到车桥上，拧上10个螺母并拧紧螺母。拧紧力矩为27N·m。

⑧ 将传动轴法兰连接到接合法兰上（图2-88）。

a. 对齐法兰上的配合记号，用4个螺栓和螺母连接法兰。

b. 用扳手拧紧4个螺栓和螺母。拧紧力矩为27N·m。

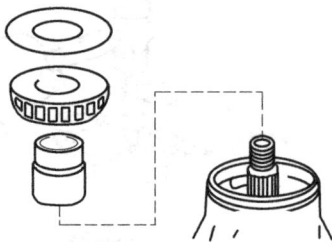

图 2-86 安装减速器油封

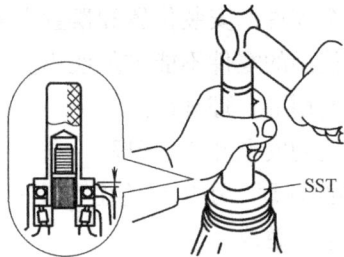

图 2-87 安装法兰盘

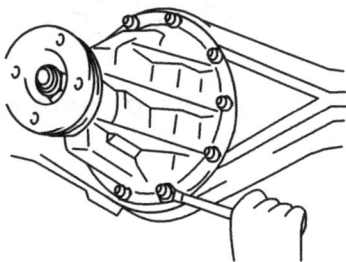

图 2-88 连接法兰

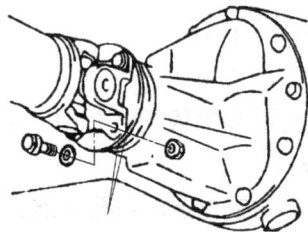

图 2-89 装上放油塞

⑨ 装上放油塞并注入差速器油 2.2L（图 2-89）。

【评价与反馈】

班级＿＿＿＿＿＿＿ 姓名＿＿＿＿＿＿＿ 指导教师＿＿＿＿＿＿＿

序号	考核项目	配分	考核内容		配分	考核标准	得 分
1	出勤/纪律	5	出勤		2	违规一次不得分	
			行为规范		3	违规一次不得分	
2	安全/防护/环保	20	着装		4	违规一次不得分	
			个人防护		4	违规一次不得分	
			5S/EHS		4	违规一次不得分	
			设备使用安全		4	违规一次不得分	
			操作安全		4	违规一次不得分	
3	知识水平	20	知识测试成绩		20	按测验成绩的20%计	
4	技能考核	40	准备	清点工、量具，清理工位	1	未做不得分	
				清洁对象外观	1	未做不得分	
				检查电源开关	1	未做不得分	
			驱动桥的拆卸	安装各种防护套	1	未做不得分	
				发动机舱预检	3	操作不正确扣1~3分	
				将桥壳内的油排放干净	3	操作不正确扣1~3分	
				按顺序拆卸	3	操作不正确扣1~3分	

（续）

序号	考核项目	配分	考核内容		配分	考核标准	得分
4	技能考核	40	驱动桥的安装	安装主驱动齿轮轴的内轴承	3	操作不正确扣1~3分	
				将主驱动齿轮安装到主减速器壳上	3	诊断不正确扣1~3分	
				安装减速器油封	3	检修不正确扣1~3分	
				安装法兰盘	3	排除不正确扣1~4分	
				将差速器总成装到减速器壳上	3	检查不正确扣1~4分	
				将差速器总成装到车桥上	4	检查不正确扣1~4分	
				将传动轴法兰连接到接合法兰上	4	检查不正确扣1~4分	
				装上放油塞并注入差速器油	4	调整不正确扣1~3分	
5	学习能力	10	填写工单，制订工艺计划		4	未做不得分	
			组内活动情况		4	酌情扣1~4分	
			资料查询和收集		2	未做不得分	
6	任务拓展	5	知识拓展任务		2	未做不得分	
			技能拓展任务		3	未做不得分	
7	总分	100					

【教师评估】

序号	优点	存在问题	解决方案
教师签字：			

项目三

制动系统的构造与检修

任务一　制动器的构造与维修

【任务目标】

目标类型	目标要求
认知目标	1. 会叙述制动系统的作用、类型与特点 2. 会叙述制动器的类型和结构特点 3. 会描述盘式制动器和鼓式制动器性能的优缺点 4. 能描述制动器拆装与检修的要求和技术标准
技能目标	1. 能正确进行制动器的拆装与检测 2. 能通过故障现象判断和排除制动器的常见故障
情感目标	1. 严禁违规操作，注意穿戴好防护用具 2. 使学生学会严谨认真的科学态度和求实的学习风气

【任务描述】

　　一辆丰田卡罗拉轿车，行驶里程为 78 000km。该车在行车制动时发抖，向右跑偏，轮胎磨损也比较严重。检查维修记录发现，该车已经 30 000km 没有做二级维护了。

【任务分析】

　　车轮制动器在长期使用过程中，制动盘（鼓）会产生磨损和变形，螺栓孔会损坏，从而造成制动力下降、制动抖振、行驶跑偏、行驶摇摆及轮胎磨损加剧等现象。为保持和恢复汽车的制动性能，保证行车安全，减轻轮胎磨损，必须及时检查和更换制动盘（鼓）。由此分析，上述故障车辆应检测制动系统。

【相关知识】

一、汽车制动系统概述

汽车制动系统是保证汽车安全行驶的关键。汽车行驶时需要经常踩下和松开制动踏板，使汽车制动或者解除制动，因此制动系统的技术状况会逐渐变坏，出现各种故障。制动系统常见的故障有制动失效、制动失灵、制动跑偏和制动拖滞等。

1. 制动系统的作用

制动系统的作用是根据需要使汽车减速或在最短的距离内停车，以确保行车安全，并保障汽车停放可靠而不自动滑移。

2. 制动系统的类型

（1）按制动系统的功用分类

1）行车制动系统：使行驶中的汽车降低速度或看停车的一套专门装置，是在行车过程中经常使用的。

2）驻车制动系统：使已停驶的汽车驻留原地不动的一套装置。

3）辅助制动系统：在汽车长下坡时用以稳定车速的一套装置。例如，经常行驶在山区的汽车，若单靠行车制动系统来达到长下坡时稳定车速的目的，则可能导致行车制动系统的制动器过热而降低制动效能，甚至完全失效。因此，山区用汽车还应具备此装置。

（2）按制动系统的制动能源分类

1）人力制动系统：以驾驶人的肌体作为唯一制动能源的制动系统。

2）动力制动系统：完全靠由发动机的动力转化而成的气压或液压形式的势能进行制动的制动系统。

3）伺服制动系统：兼用人力和发动机动力进行制动的制动系统。

按照制动能量的传输方式，制动系统又可分为机械式、液压式、气压式和电磁式。同时采用两种以上传能方式的制动系统，可称为组合式制动系统。

3. 制动系统的组成

汽车制动系统一般至少装有两套各自独立的系统，一套是行车制动装置，主要用于汽车行驶中的减速和停车；另一套是驻车制动装置，主要用于停车防止滑移。有的汽车还装有紧急制动装置和安全制动或辅助制动装置，高级汽车还装有制动力调节装置、报警装置和压力保护装置等。

汽车的两套制动装置都是由制动器和操纵制动器的传动机构两部分组成的，如图3-1所示。任何制动系统都包含供能装置、控制装置、传动装置和制动器四个基本组成部分。

1）供能装置：供给、调节制动所需能量以及改善传递介质状态的各种部件。其中，产生制动能量的部分称为制动能源，它可以是发动机驱动的气压或液压泵，也可以是驾驶人的作用力。

2）控制装置：产生制动动作和控制制动效果的各种部件，如制动踏板等。

3）制动器：产生阻碍车辆运动或运动趋势的力（制动力）的部件。

4）传动装置：将制动能量传输到制动器的各个部件，如图3-2中的制动主缸、油管和

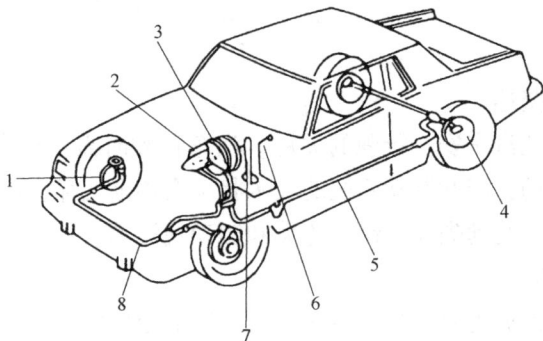

图 3-1 汽车制动系统的组成

1—前轮盘式制动器 2—制动主油缸 3—真空增压器 4—后轮鼓式制动器

5—后制动管路 6—驻车制动杆 7—制动踏板 8—前制动管路

制动轮缸等。

4. 制动系统的工作原理

汽车行驶不制动时（以液压制动为例），所有机件处于安装的原始位置，制动蹄与制动鼓之间保持一定的间隙，制动鼓随车轮自由转动而不受阻碍。

当汽车行驶制动时，踩下制动踏板，推杆推动主缸活塞，使主缸内的油液产生一定压力后流入制动轮缸，既而推动轮缸活塞，使两制动蹄绕支承销转动，上端向两边张开而使其摩擦片压紧在制动鼓的内圆面上。不旋转的制动蹄就对旋转的制动鼓产生一个摩擦力矩 M_μ，其方向与车轮旋转方向相反，如图 3-2 所示。

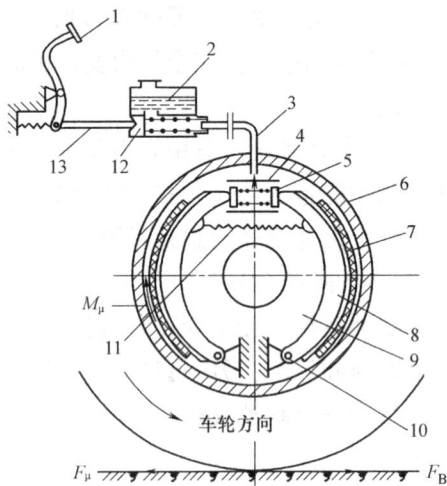

这时，制动鼓将该力矩传到车轮。由于车轮与路面间的附着力作用，车轮对路面作用一个向前的制动力即周缘力 F_μ。同时，路面也对车轮作用一个向后的反作用力，即制动力 F_B。制动力 F_B 由车轮经车桥和悬架传给车架及车身，迫使汽车减速或停车。

当放松制动踏板时，油液流回主缸，在各复位弹簧的作用下，制动蹄与制动鼓又恢复了原来的间隙，从而解除制动作用。

5. 对制动系统的要求

1）具有良好的制动效能，其评价指标有制动距离、制动减速度、制动力和制动时间。

2）操纵轻便、灵敏，调整与维护便捷。

3）制动稳定性好。制动时，前后车轮制

图 3-2 液压制动系统工作原理

1—制动踏板 2—制动主缸 3—油管 4—制动轮缸

5—轮缸活塞 6—制动鼓 7—摩擦片 8—制动蹄

9—制动底板 10—支承销 11—复位弹簧 12—主缸活塞 13—推杆

动力分配合理，左右车轮上的制动力矩基本相等，汽车不跑偏、不甩尾，磨损后间隙应能调整。

4）制动平顺性好。制动力矩能迅速而平稳地增加，也能迅速而彻底地解除。

5）散热性好。摩擦片的抗热衰退能力要高，水湿后恢复能力强。

6）对挂车制动系统，还要求其制动作用略早于主车，且挂车自行脱钩时能自动进行应急制动。

二、制动器

制动器主要由旋转元件和固定元件两部分组成，旋转元件与车轮连接，同车轮一起旋转；固定元件与车桥相连，固定不动。制动时，利用旋转元件和固定元件的摩擦，产生摩擦力矩。

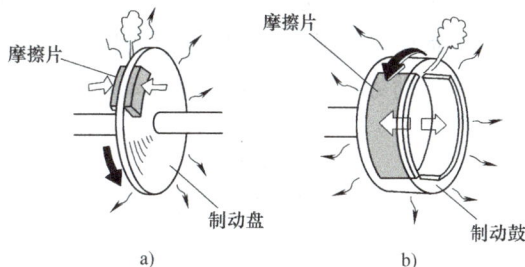

图 3-3　制动器的类型

a）盘式　b）鼓式

根据产生摩擦的工作表面不同，制动器分为鼓式制动器和盘式制动器，如图 3-3 所示。鼓式制动器的旋转元件为制动鼓，工作表面为圆柱面。盘式制动器的旋转元件为圆盘状的制动盘，工作表面是端面。

1. 鼓式制动器

鼓式制动器主要由制动踏板、制动轮缸（或凸轮）、制动蹄、制动鼓及复位弹簧等组成，如图 3-4 所示为桑塔纳轿车鼓式制动器的分解图。

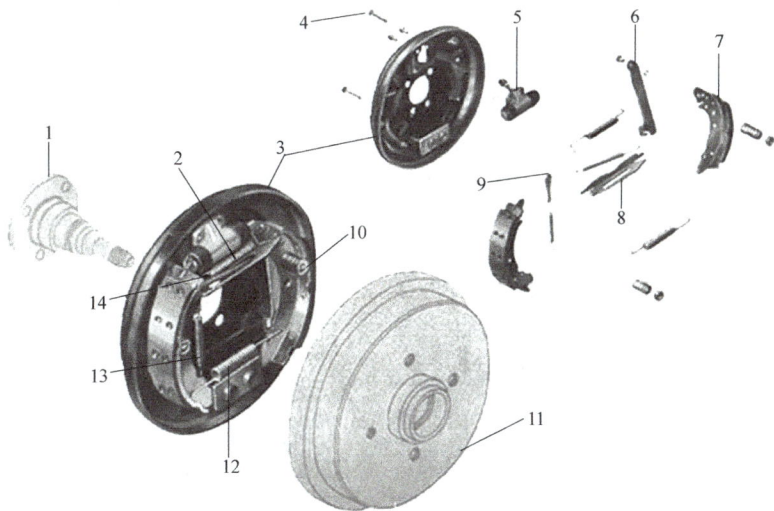

图 3-4　桑塔纳轿车鼓式制动器的分解图

1—后轮轴　2—上复位弹簧　3—制动底板　4、10—限位杆　5—制动轮缸　6—驻车制动杆　7—制动蹄片　8—驻车制动推杆　9—楔形调节块　11—制动鼓　12—下复位弹簧　13—制动间隙复位弹簧　14—驻车制动推杆弹簧

鼓式制动器的结构类型很多，但从其制动蹄片的工作特性而言，制动蹄片上产生的摩擦力矩因受制动鼓旋转方向的影响有明显差异，所以鼓式制动器中的制动蹄就有领蹄和从蹄之

分，各类鼓式制动器基本上就是这两种制动蹄的组合。当制动时，制动蹄受到力的作用而张开，与制动鼓的内表面发生摩擦。

鼓式制动器多为内张双蹄式，按张开装置的不同，可分为轮缸制动器和凸轮制动器。前者以液压轮缸作为制动蹄促动装置，后者以凸轮作为促动装置。

根据制动时两制动蹄对制动鼓径向力的平衡状况，鼓式车轮制动器又分为非平衡式、平衡式（单向助势、双向助势）和自动增力式三种，如图3-5所示。

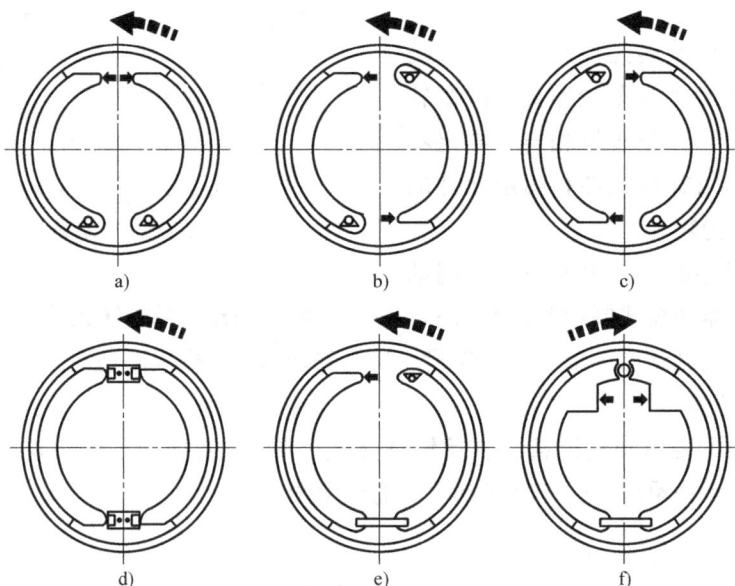

图3-5 鼓式制动器各种制动蹄的受力示意图
a）领从蹄式 b）双领蹄式 c）双从蹄式 d）双向双领蹄式
e）单向自增力式 f）双向自增力式

2. 盘式制动器

盘式制动器由摩擦衬块从两侧夹紧与车轮共同旋转的制动器后而产生制动效能。盘式制动器的旋转元件是金属盘，称为制动盘，如图3-6所示；不动的摩擦元件是制动钳。盘式制动器可分为固定钳盘式和浮钳盘式两类。

盘式制动器具有散热能力强，热稳定性能好，制动效能稳定，抗水衰退能力强等特点，轿车和小客车的前轮大多采用盘式制动器。

（1）固定钳盘式制动器的工作原理 固定夹钳式的制动钳轴向位置是固定的，其轮缸分别布置在制动钳的两侧，除活塞和摩擦

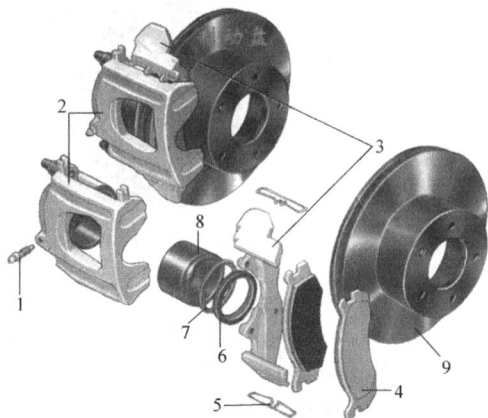

图3-6 盘式制动器的结构示意图
1—放气螺钉 2—制动钳 3—制动钳支架 4—制动块
5—夹子 6—防尘罩 7—油封 8—活塞 9—制动盘

块外无滑动元件。制动时，制动液被压入左、右两轮缸内，活塞在制动液压力作用下将摩擦块总成紧压在制动盘上，产生摩擦力矩，因车轮与制动盘连接，因此产生制动作用。解除制动时，活塞和摩擦片总成在复位弹簧的作用下回到原始位置，如图3-7所示。

（2）浮动钳盘式制动器的工作原理　浮动钳盘式制动器的特点是只在制动盘的内侧设置油缸，而外侧的摩擦衬块则固定在钳体上，数目仅是固定夹钳式的一半，制动钳可以相对于制动盘轴向移动，制动活动摩擦衬块在制动液压力作用下由活塞推靠制动盘，用制动钳上的反作用力将固定摩擦块同时推靠到制动盘上产生制动作用，如图3-8所示。

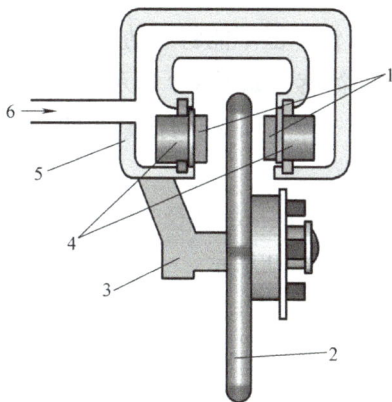

图3-7　固定钳盘式制动器的工作原理
1—制动块　2—制动盘　3—车桥　4—活塞　5—制动钳体　6—进油口

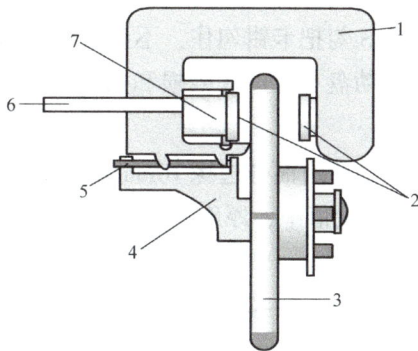

图3-8　浮动钳盘式制动器的工作原理
1—制动钳体　2—制动块　3—制动盘　4—制动钳支架　5—导向销　6—进油口　7—活塞

3. 盘式制动器和鼓式制动器的性能对比

盘式制动器与鼓式制动器相比，有以下优点。

1）一般无摩擦助势作用，因而制动效能受摩擦因数的影响较小，即制动效能较稳定。

2）浸水后效能降低较少，而且只需经一两次制动即可恢复正常。

3）在输出制动力矩相同的情况下，尺寸和质量一般较小。

4）制动盘沿厚度方向的热膨胀量极小，不会像制动鼓的热膨胀那样使制动器间隙明显增加而导致制动踏板行程过大。

5）较容易实现间隙自动调整，其他维护修理作业也较简便。

6）对于钳盘式制动器而言，因为制动盘外露，还有散热良好的优点。

盘式制动器与鼓式制动器相比，有以下不足之处。

1）制动效能较低，故用于液压制动系统时所需制动促动管路压力较高，一般要用伺服装置。

2）兼用于驻车制动时，需要加装驻车制动传动装置，较鼓式制动器复杂，因而在后轮上的应用受到限制。

目前，盘式制动器已广泛应用于轿车，但除了在一些高性能轿车上用于全部车轮以外，大都只用作前轮制动器，而与后轮的鼓式制动器配合，以保证汽车有较高的制动力时的方向稳定性。

4. 驻车制动器

驻车制动器用于在车辆停稳后稳定车辆，避免车辆在斜坡路面停车时由于溜车造成事故。常见的驻车制动器一般置于驾驶人右手下垂位置，便于使用。目前市场上的部分自动挡车型均在驾驶人左脚外侧设计了功能与驻车制动器相同的脚操纵的驻车制动器，个别先进车型还加装了电子驻车制动系统。

三、制动器的检测与维修

1. 盘式制动器的检修

(1) 检查制动盘表面的磨损及厚度　卸下车轮及卡钳，但不能将制动软管从钳上取下，可以用一个 S 勾把卡钳勾住，不至于让制动软管松脱而掉落，如图 3-9 所示。

检查制动盘有无过度磨损和损坏，必要时应更换。卡钳销螺栓的拧紧力矩应满足技术要求。

在距制动盘断面外边缘 10mm 的位置，沿圆周 8 个等分点，用外径千分尺测量制动盘的厚度。8 个测量值中，厚度之差不能超过 0.005mm，如图 3-10 所示。

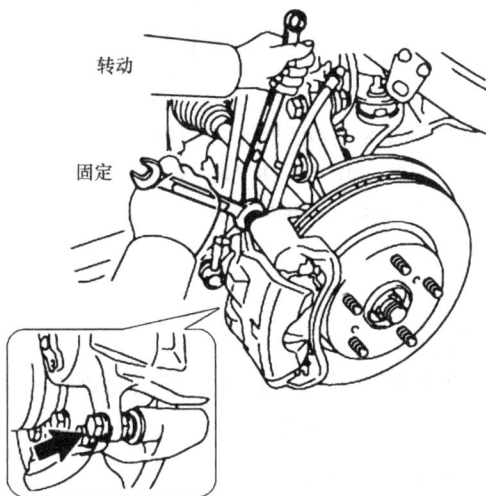

图 3-9　拆卸制动卡钳上的制动分泵　　　　图 3-10　测量制动盘厚度

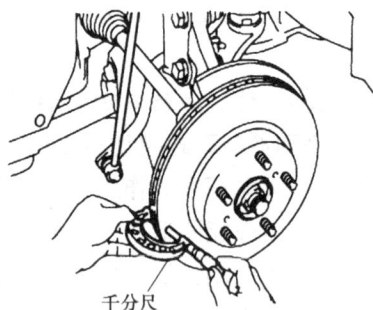

8 个点的测量值的平均值就是制动盘的厚度，卡罗拉轿车的标准厚度为 22mm，使用极限为 19mm。如果超过极限值，应更换制动盘。

若制动盘厚度超过极限值，必须更换制动盘。如果制动盘厚度之差超过规定值，应更换制动盘或车削制动盘。

(2) 检查制动盘的跳动量　用磁力表座和百分表的组合来测量制动盘的跳动量，使用极限为 0.05mm，如图 3-11 所示。如果制动盘跳动量超过 0.05mm，制动时就会有制动发抖等故障现象，应维修或更换制动盘。

(3) 检查制动片厚度　制动片的总厚度标准值为 14mm，使用极限为 7mm。制动片摩擦片厚度磨损极限的残余厚度不小于1mm。如超过磨损极限，就必须更换制动片，如图3-12所示。

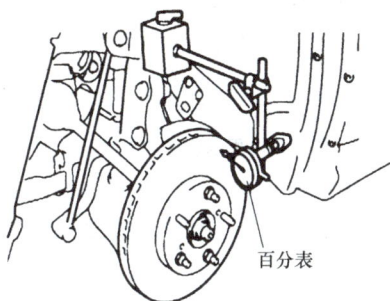

图3-11 测量制动盘跳动量

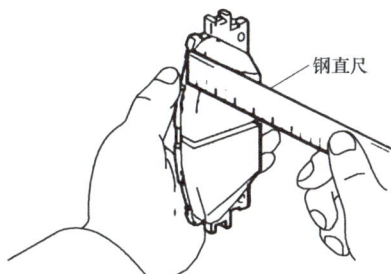

图3-12 制动片厚度的测量

2. 鼓式制动器的检修

（1）鼓式制动器的检修 制动鼓常见的损伤主要是工作表面的磨损、变形和裂纹。

制动鼓不得有任何性质的裂纹，否则应更换新件。如图3-13所示为测量制动鼓内径，其内圆柱面的圆度误差不得大于0.15mm，圆柱度误差不得大于0.05mm，直径不能超过车轮规定的极限值。进口汽车制动鼓圆柱面一般都标有允许的最大直径，超过规定值应更换。桑塔纳2000GSi轿车制动鼓直径的标准值为200mm，极限直径为201mm。

制动鼓内工作表面对旋转轴线的径向全跳动误差不得大于0.10mm。制动鼓的圆度、圆柱度、径向全跳动误差超过规定时，应对制动鼓进行镗削。镗削后的制动鼓内径不得超过极限值，同轴两侧制动鼓的直径差应小于1mm。

（2）制动蹄上制动片的检修 制动蹄的常见损伤形式为摩擦片磨损、龟裂和制动蹄支承孔磨损等。

图3-13 桑塔纳轿车制动鼓直径的测量

制动蹄不得有裂纹和变形，支承销孔与支承销的配合应符合原设计规定。制动蹄摩擦片的磨损不得超过规定值。当铆钉头的沉入量小于0.5mm，摩擦片龟裂或严重漏油时，应更换摩擦片。摩擦片和制动蹄应严密贴合，不得垫石棉垫，以免影响摩擦片的散热，局部最大缝隙不得超过0.10mm。

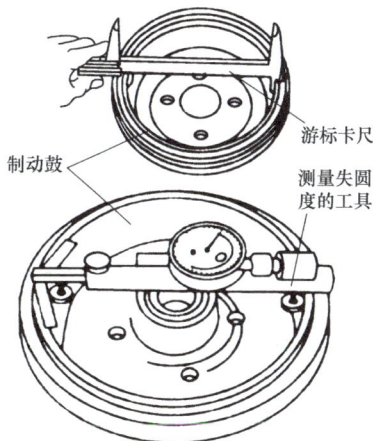

四、制动器常见故障分析

汽车在日常行驶时，常见的故障有制动不灵、制动跑偏、制动时有噪声及制动踏板行程过大等。

1. 鼓式制动器常见故障分析

鼓式制动器常见故障有制动失灵、制动跑偏、制动时有噪声及制动踏板行程过大等。其各个故障的原因及排除方法见表3-1。

表 3-1　鼓式制动器的常见故障及排除方法

故障现象	故障描述	故障原因	故障排除方法
制动不灵	踩下制动踏板时,制动力不足,制动距离过大,制动性能下降	摩擦片磨损过甚	调整或者更换摩擦片
		摩擦片表面硬化或铆钉外露	修磨摩擦片,以改善其接触状况,或更换新的摩擦片
		制动鼓进水或摩擦片沾油	排除制动鼓内积水或清洁摩擦副表面
制动跑偏	汽车制动时不能保持直线行驶,而是自动驶向一侧或有侧滑现象	左、右制动鼓与摩擦片的间隙不同	重新调整制动鼓与摩擦片之间的间隙
		单边摩擦片沾油或烧结失效	清洁摩擦片,如烧蚀严重应更换摩擦片
		左、右摩擦片型号不同、质量不同	左、右摩擦片选用同厂家、同型号的产品
		制动蹄复位弹簧工作不良	更换或调整复位弹簧
		左、右轮胎气压不等或轮胎磨损不匀	检查左、右轮胎气压,如不符合标准,应进行充、放气,必要时进行车轮换位或更换轮胎
		左、右轮毂轴承松旷	调整轮毂轴承间隙到规定要求
		悬架减振器异常或车架变形	更换减振器或校正车架
制动时有噪声	汽车制动时,制动器发出刺耳的声音	摩擦片烧蚀硬化或磨损严重,以至铆钉外露	更换摩擦片
		制动鼓与制动摩擦片之间有杂物	清洁制动鼓与摩擦片
		轮毂轴承松旷	调整轮毂轴承间隙,如轴承损坏,应及时更换。
		制动鼓变形或磨损起沟槽	检查制动鼓变形情况,轻微变形可进行镗削修理,严重变形应更换新件
制动踏板行程过大	踏板自由行程过大,或连续踩动制动踏板时,其有效行程变大	自动踏板自由行程过大	调整制动踏板自由行程
		自动管路油液泄漏	检查、修理渗漏处的管路或接头,并加足制动液
		制动传动系统进气	排除制动传动系统中的空气,并加足制动液
		制动鼓和摩擦片之间的间隙过大	重新调整制动鼓与摩擦片之间的间隙到标准值
		制动鼓变形严重或制动蹄变形	更换制动鼓或制动蹄

2. 盘式制动器常见故障分析

盘式制动器常见故障有制动失灵和制动跑偏,其各个故障的原因及排除方法见表 3-2。

表 3-2　盘式制动器的常见故障及排除方法

故障现象	故障描述	故障原因	故障排除方法
制动不灵	踩下制动踏板时制动力不足，制动距离过大，制动性能下降	制动盘与摩擦片接触不良	调整制动盘与摩擦片，改善接触状况
		制动盘变形	调整或更换制动盘
		轮缸活塞移动不畅	更换轮缸活塞
		摩擦表面有油污	清洁摩擦片表面
		制动钳变形	检查或更换制动钳
		制动盘与摩擦片磨损严重	更换
		制动盘摆动	检查制动盘跳动量，若超过极限值，应更换新件
		制动管路有渗漏	找出泄漏原因和位置，并进行修复，按要求加足制动液
制动跑偏	汽车制动时不能保持直线行驶，而是自动驶向一侧或有侧滑现象	左、右制动盘与摩擦片间隙不等	调整左、右制动盘与摩擦片之间的间隙
		两前轮制动摩擦片表面有油污	清洁制动盘工作表面
		制动轮缸工作不良	调整或更换制动轮缸
		左、右摩擦片磨损不均匀	选用同厂家、同型号的摩擦片
		左、右轮胎气压不一致或磨损不均	调整轮胎气压或更换轮胎

【任务实施】

盘式制动器的拆装与检修

一、实施目的

1）能完成盘式制动器的拆装。

2）能使用各种量具检测盘式制动器。

二、技能训练准备

（1）所需设备　实训用车辆，基本拆装工具，千分尺，百分表，磁力表座，钢直尺和吹尘枪等。

（2）工具和材料　维修手册，前格栅布，翼子板防护套，环保三件套，干净的抹布和车轮挡块等。

（3）安全防护用品　标准作业装、安全鞋和手套等。

（4）汽车信息收集

车牌号码：_____；车辆型号：_____；

VIN 码：_____；行驶里程：_____。

三、技术规范与注意事项

1）制动片检查周期为 7500km，更换周期为 40000～50000km。

2）制动鼓内径为 200mm，磨损极限≤1mm，圆度误差≤0.10mm。

3）车轮螺栓的拧紧力矩为 110N·m，制动钳壳体的拧紧力矩为 70N·m。

4）安装时，禁止将油液、油脂和水等黏附到制动摩擦片上。

5）进行举升作业时，一定要遵守举升机使用安全规范，严禁违规操作，注意穿戴好防护用具。

6）使用维修手册时，要注意避免残缺不全，资料应与使用车辆的型号相对应。

7）要遵守维修手册规定的其他技术和安全要求。

四、实施步骤及方法

1. 检修作业的准备及预检

（1）一般准备工作

1）与小组成员共同清理场地。　　　　　　　□ 任务完成

2）清点所需工、量具的数量和种类。　　　　□ 任务完成

3）检查设备，工、量具的性能是否良好。　　□ 任务完成

（2）安全防护准备工作

1）安装车轮挡块阻挡车轮。　　　　　　　　□ 任务完成

2）使用空挡和驻车制动。　　　　　　　　　□ 任务完成

3）安装好前格栅布及护套。　　　　　　　　□ 任务完成

（3）发动机舱预检

1）检查发动机冷却液液位。　　□ 正常　　□ 不正常

2）检查发动机机油液位。　　　□ 正常　　□ 不正常

3）检查制动液液位。　　　　　□ 正常　　□ 不正常

4）检查刮水器喷洗器液面。　　□ 正常　　□ 不正常

2. 盘式制动器的拆装与检修

（1）拆下车轮　用举升机或千斤顶将车身稍稍顶起，车轮不得离地，此时对角松开车轮螺栓。把车轮举升离开地面，拆下车轮螺栓，用双手托住车轮两侧，取下车轮，如图3-14所示。

图 3-14　拆卸车轮

（2）拆下制动分泵　松开制动钳分泵的紧固螺栓（拧紧力矩为40N·m），拆下时把制动钳活塞压回制动钳壳体内，取下制动钳，如图3-15所示。注意保护皮碗、油管等。

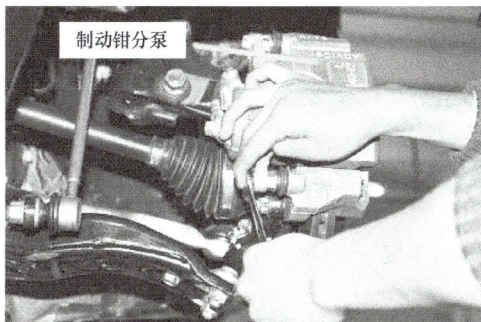

图3-15　拆卸制动分泵

（3）拆下、清洁和检修制动摩擦块　从制动分泵上拆下制动摩擦块，用吹尘枪清洁摩擦块表面和制动分泵，检查制动分泵有无　□泄漏　□老化　□腐蚀。检查摩擦块的磨损情况：摩擦片厚度，内侧_____、_____，外侧_____、_____（内、外侧各两个点），摩擦片平均厚度为_____，此摩擦块的厚度磨损极限值为_____，摩擦块的磨损情况　□均匀　□不均匀，如图3-16所示。

（4）拆下制动钳壳体　拆下制动钳壳体的紧固螺栓，紧固螺栓的拧紧力矩为_____N·m，如图3-17所示。

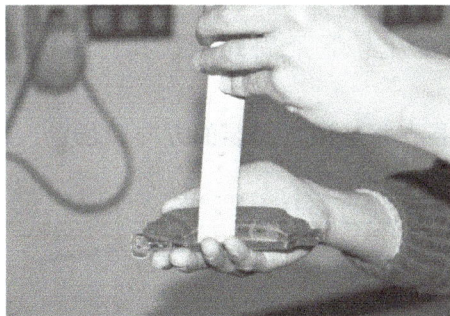

图3-16　测量制动片厚度

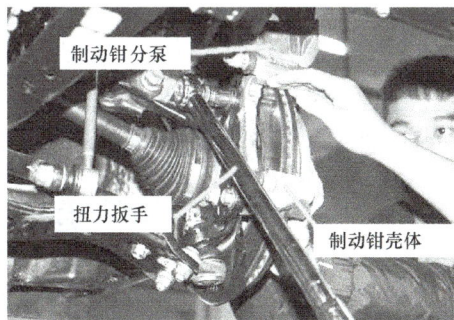

图3-17　拆卸制动钳壳体

（5）拆下、清洁和检修制动盘　双手托住制动盘，轻轻取下制动盘，用吹尘枪清洁制动盘表面。用外径千分尺检查，制动盘厚度为_____（应均匀测量圆周三个点的厚度值，然后取平均值，见图3-18），制动盘厚度标准值为_____，磨损极限是_____，制动盘是否合格。□合格　□不合格。

（6）安装制动盘　制动盘安装到位后，用车轮螺栓（至少3颗以上）固定制动盘，如图3-19所示，其拧紧力矩为_____N·m。

图 3-18 测量制动盘厚度

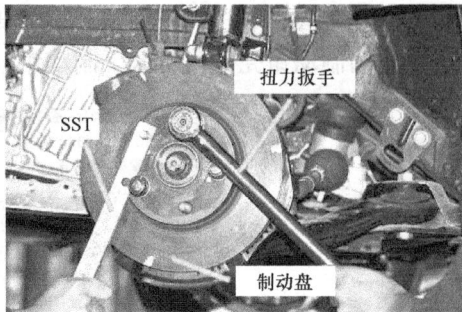

图 3-19 安装制动盘

（7）检查制动盘跳动量 如图 3-20 所示，用磁力表座和百分表测量制动盘的跳动量为_____，极限值是_____。制动盘是否合格。 □ 合格 □ 不合格。

图 3-20 测量制动盘跳动量

（8）安装制动钳壳体 安装制动钳壳体的上、下紧固螺栓，其拧紧力矩为_____ N·m，拆下车轮螺栓。

（9）装入摩擦片 更换摩擦片时，要成对更换，并且注意安装的方向和位置，如图 3-21 所示。

图 3-21 安装制动摩擦片

（10）安装制动分泵 用专用工具把制动钳活塞压回制动钳壳体内，安装制动钳上、下固定螺栓，其拧紧力矩为_____ N·m。

（11）安装车轮 对角安装车轮螺栓，放下举升机或千斤顶，将车稍稍顶起，车轮不得离地。紧固车轮螺栓，其拧紧力矩为_____ N·m。

【评价与反馈】

班级_____ 姓名_____ 指导教师_____

序号	考核项目	配分	考核内容		配分	考核标准	得分
1	出勤/纪律	5	出勤		2	违规一次不得分	
			行为规范		3	违规一次不得分	
2	安全/防护/环保	20	着装		4	违规一次不得分	
			个人防护		4	违规一次不得分	
			5S/EHS		4	违规一次不得分	
			设备使用安全		4	违规一次不得分	
			操作安全		4	违规一次不得分	
3	知识水平	20	知识测试成绩		20	按测验成绩的20%计	
4	技能考核	40	准备	清点工、量具,清理工位	1	未做不得分	
				清洁对象外观	1	未做不得分	
				检查电源开关	1	未做不得分	
				安装各种防护套	1	未做不得分	
				发动机舱预检	4	操作不正确扣1~4分	
			盘式制动器的拆装与检修	拆下车轮	3	操作不正确扣1~3分	
				拆下制动分泵	3	操作不正确扣1~3分	
				拆下、清洁和检修制动摩擦块	3	操作不正确扣1~3分	
				拆下制动钳壳体	3	操作不正确扣1~3分	
				拆下、清洁和检修制动盘	3	操作不正确扣1~3分	
				安装制动盘	2	操作不正确扣1~2分	
				检查制动盘跳动量	4	检查不正确扣1~4分	
				安装制动钳壳体	4	检查不正确扣1~4分	
				装入摩擦片	3	检查不正确扣1~3分	
				安装制动分泵和车轮	4	调整不正确扣1~4分	
5	学习能力	10	填写工单,制订工艺计划		4	未做不得分	
			组内活动情况		4	酌情扣1~4分	
			资料查询和收集		2	未做不得分	
6	任务拓展	5	知识拓展任务		2	未做不得分	
			技能拓展任务		3	未做不得分	
7	总分	100					

【教师评估】

序 号	优 点	存 在 问 题	解 决 方 案

教师签字：

任务二 制动传动系统的构造与检修

【任务目标】

目 标 类 型	目 标 要 求
认知目标	1. 会叙述制动传动系统的作用、类型与特点 2. 会叙述液压和气压制动传动系统的工作原理 3. 会描述液压和气压制动传动系统的常见故障及排除方法。
技能目标	1. 能正确进行液压和气压制动传动系统的检修 2. 能通过现象判断制动传动系统的常见故障并排除故障
情感目标	1. 举升作业时一定要进行安全检查，作业过程中注意安全 2. 严禁违规操作，注意穿戴好防护用具

【任务描述】

一辆桑塔纳2000汽车，在制动过程中，制动无力，制动距离过长，制动效能非常低。

【任务分析】

由于顾客描述太笼统，故障范围比较大。根据顾客的描述对车辆进行路试，经试车发现有以下几种情况：车速在60km/h时，一脚踩下制动踏板，制动过低，减速不明显，制动距离明显过长；连续多脚踩制动踏板，制动适当增高，但还是制动效能不良。询问客户最近有没有维修过制动系统，客户说没有，是最近才发现的制动偏软。经初步判断，确认是制动总泵有问题或是系统内渗入空气，需要对制动总泵进行检修更换。

【相关知识】

一、制动传动系统

汽车的制动传动系统主要分为液压制动传动系统和气压制动传动系统，它们是把制动踏板力转换为油液压力或气压压力，通过制动管路传至制动器，再将油液压力或气压压力作用到制动块或制动蹄上，产生制动作用。

二、液压制动传动系统

目前，轿车的行车制动系统都采用液压制动传动系统，主要由制动主缸（制动总泵）、液压管路、后轮鼓式制动器中的制动轮缸（制动分泵）、前轮钳盘式制动器中的液压缸等组成，如图 3-22 所示。

1. 工作原理

液压制动传动装置是利用特制油液作为传力介质。如图 3-22 所示，在制动时，驾驶人所施加的控制力通过制动踏板传至制动主缸，制动主缸活塞的运动使得制动主缸与制动轮缸之间的油液容积减小，制动油液压力增高，油液的这种液压力通过油管传入前后制动轮缸，推动轮缸的工作活塞，液压能转变为机械能，促使制动器进入工作状态。放开制动踏板后，制动主缸活塞在复位弹簧作用下回到原始位置，油路中的液压力消失，摩擦片和轮缸活塞在复位弹簧作用下复位，将制动液压回主缸，制动作用消除。

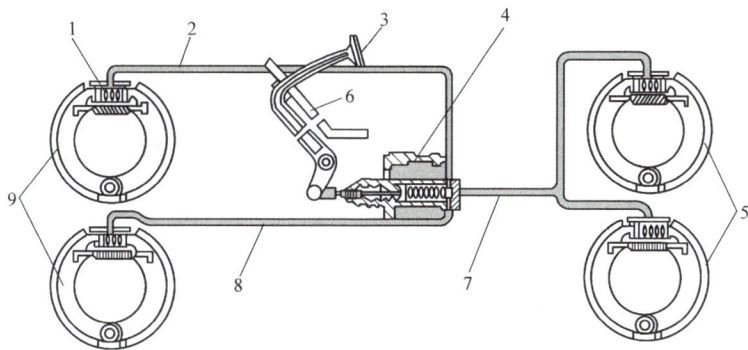

图 3-22 液压制动传动系统的组成示意图

1—制动轮缸 2—右前轮制动油管 3—制动踏板 4—制动主缸 5—后轮制动器
6—车架 7—后轮制动油管 8—左前轮制动油管 9—前轮制动器

2. 液压制动传动系统的类型

（1）单回路液压传动装置 单回路液压传动装置是利用一个制动主缸，通过一套相互连通的管路控制全车制动器。若传动装置中一处漏油，会使整个制动系统失效。目前，一般汽车上已很少采用此装置。

（2）双回路液压传动装置 为了提高汽车行驶的安全性，汽车的行车制动系统都采用了双回路液压传动装置。目前采用双回路液压制动系统几乎都是伺服制动系统或动力制动系统。但是，在某些微型或轻型汽车上，为使结构简单，仍采用双回路人力液压制动系统。

双回路是指利用彼此独立的双腔制动主缸，通过两套独立管路，分别控制两桥或三桥的车轮制动器。其特点是若其中一套管路发生故障而失效时，另一套管路仍能继续起制动作用，从而提高了汽车制动的可靠性和行驶安全性。

双管路的布置方案应用较为广泛的有前后独立式（Ⅱ形）和交叉式（X形）。

1）前后独立式（Ⅱ形）。前后独立式（Ⅱ形）双回路由双腔主缸通过两套（一轴对一轴）独立管路分别控制车轮制动器。它主要用于对后轮制动依赖性较大的发动机后置后轮驱动的汽车，如图3-23所示。

制动时，踩下制动踏板，推杆推动双腔制动主缸的前、后活塞前移，使主缸前、后腔油压升高，制动液分别同时流至前、后车轮制动轮缸。轮缸的活塞在制动液压力的作用下向外移动，进而推动制动蹄张开，压向制动鼓产生制动效能。

当松开制动踏板时，制动蹄和轮缸活塞在复位弹簧的作用下各自复位，并将制动液流回制动主缸，从而解除制动。

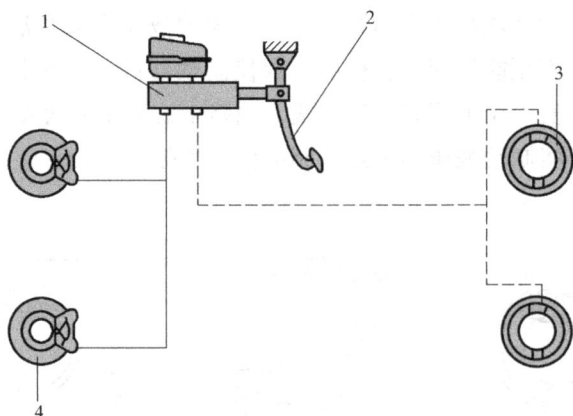

图3-23　前后独立式（Ⅱ形）双回路液压制动系统示意图

1—制动主缸　2—制动踏板　3—右后轮制动器　4—左前轮制动器

2）交叉式（X形）。该装置由双腔制动主缸和两套独立（交叉）管路分别控制车轮制动器，前后轴对角线方向上的两个车轮共用一套管路，在任一管路失效时，剩余总制动力都能保持在正常值的50%，且前后轴制动力分配比值保持不变，有利于提高制动稳定性。这种布置形式多用于发动机前置前轮驱动的轿车上，如图3-24所示。

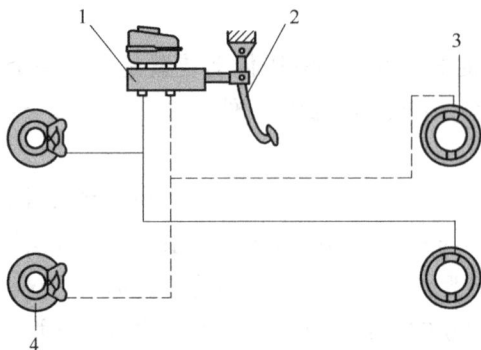

图3-24　交叉式（X形）双回路液压制动系统示意图

1—制动主缸　2—制动踏板　3—右后轮制动器　4—左前轮制动器

3. 液压制动系统主要部件的结构特点

（1）制动主缸　制动主缸的作用是将制动踏板的机械能转换成液压能。双管路液压制动传动装置中的制动主缸一般采用串联双腔或并联双腔制动主缸。串联双腔制动主缸的构造如图 3-25 所示。

图 3-25　串联双腔制动主缸

a）串联双腔制动主缸实物图　b）串联双腔制动主缸的结构

制动主缸内有两个活塞。后活塞右端连接推杆；前活塞位于缸筒中间，把主缸内腔分成两个腔，两腔分别与前后两条液压管路相通，储液罐分别向各自管路供给制动液。每个腔室具有各种复位件、密封件和复合阀等。

制动时，主缸中的推杆向前移动，使皮碗盖住储液罐进油口，此时后腔室液压升高，迫使油液向后轮制动器流动，推动后轮制动器工作。与此同时，在后腔液压和后活塞弹簧弹力的作用下，推动前活塞向前移动，前腔压力也随之提高，迫使油液流向前轮制动器，推动前轮制动器工作。

放松制动踏板，主缸中活塞和推杆在前后活塞弹簧的作用下回到原始位置，制动解除。

当前腔控制的回路发生故障时，前活塞不产生液压，前轮制动失效。但在后活塞液压力的作用下，前活塞被推到最前端，后腔产生的液压力仍使后轮产生制动。若后腔控制的回路发生故障时，前腔仍能产生液压使前轮产生制动，确保行车安全。

（2）制动轮缸　制动轮缸的作用是把来自主缸的油液压力转换为轮缸活塞的机械推力，使制动蹄压靠在制动鼓上产生制动作用。制动轮缸有单活塞式和双活塞式，如图 3-26 所示。

图 3-26　液压式制动轮缸示意图

单活塞轮缸多用于单向助势平衡式车轮制动器，如 BJ2020S 型汽车前轮制动器。当汽车制动时，制动轮缸受到制动液压力的作用，在液压力作用下活塞推动顶块被顶出，使制动蹄张开，压向制动鼓产生制动作用。当松开制动踏板时，制动液压力消失，在复位弹簧的作用下，活塞恢复原来形状，同时制动蹄与制动鼓脱离，即解除制动。

4. 真空助力式液压传动装置

普通轿车常采用的真空助力伺服制动系统的基本构成如图 3-27 所示，在双制动回路中，串联双腔制动主缸的前腔通往左前和右后制动轮缸，而主缸后腔通往右前和左后轮缸。

前轮制动缸与后轮制动缸之间设有感载比例阀，用以根据车辆载荷调节前后轮制动轮缸中的制动压力。

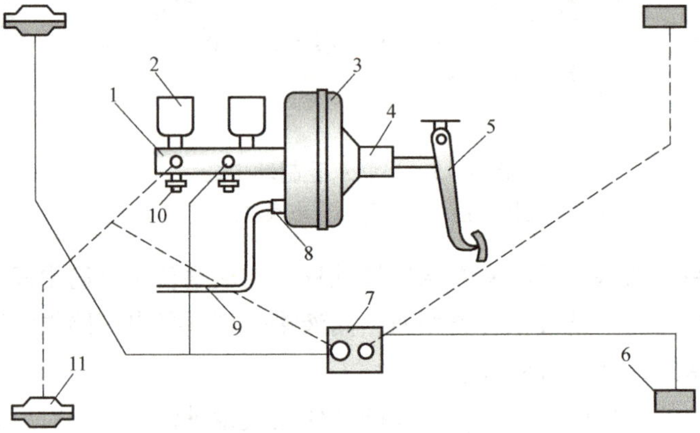

图 3-27　红旗 CA7220 型轿车真空助力伺服制动系统示意图
1—制动主缸　2—储液罐　3—真空伺服气室　4—控制阀　5—制动踏板机构
6—左后轮缸　7—感载比例阀　8—真空单向阀　9—真空供能管路
10—制动信号灯液压开关　11—左前轮缸

当发动机工作时，在进气歧管（或真空泵）中的真空度作用下，真空罐中的空气经真空单向阀被吸入发动机，因而真空罐中产生并积累一定的真空度。

当踩下制动踏板时，制动主缸输出的液压首先传入辅助缸，并一面传入各制动轮缸，一面又作用于控制阀，控制阀使真空增压器起作用。此时，真空增压器输出的力与由主缸传来的液压力一同作用于辅助缸活塞，因此使辅助缸的压力远远高于主缸压力。

由于在真空增压器之后又加装了一个双腔安全缸，使得在安全缸之后的前、后轮任一条制动促动管路损坏漏油时，该管路上的安全缸即自动将该管路封堵，确保另一促动管路仍能保持其中的油液压力，产生制动效能。

三、气压制动传动系统

气压制动传动系统是用压缩空气做力源的动力，使车轮产生制动，驾驶人只需按不同的制动强度要求控制踏板的行程，释放出不同数量的压缩空气，便可通过控制制动气压的大小来获得所需的制动力。

气压制动装置的特点是踏板行程较短，操作比较轻便，制动力较大，消耗发动机的动力，装置结构较为复杂，制动时不如液压制动柔和平稳。气压制动目前应用于中、重型汽车上。

1. 气压制动传动系统的组成

与液压制动传动系统相同，气压制动传动系统常见的布置形式也有单管路和双管路两种。

（1）单管路气压制动传动装置　单管路气压制动传动装置基本由空气压缩机、贮气筒、气压表、调压机构（包括卸荷阀和调压器）、制动控制阀、制动气室、制动开关和管路等组成，现已很少应用。

（2）双管路气压制动传动装置

1）结构。双管路气压制动传动装置由气源和控制部分组成。气源包括单缸空气压缩机、调压装置、双针气压表、前后桥贮气筒、气压过低报警装置、油水放出阀和取气阀、安全阀等部件，控制装置包括制动踏板、拉杆和并列双腔制动阀等，如图 3-28 所示。

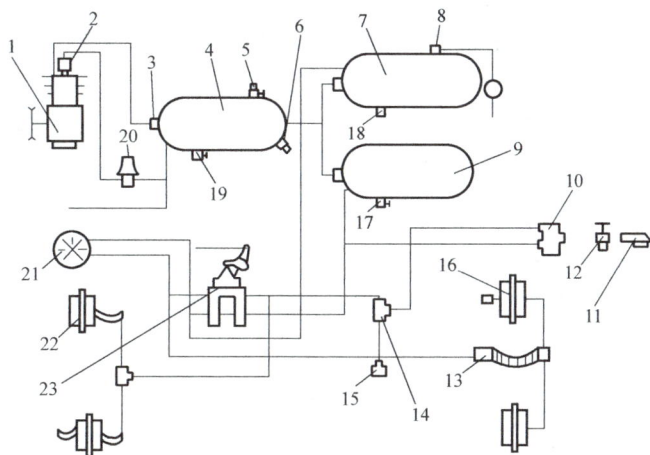

图 3-28　东风 EQ1092 型汽车双管路气压制动传动装置

1—空气压缩机　2—卸荷阀　3—单向阀　4—湿贮气筒　5—取气阀　6—安全阀　7—后桥贮气筒　8—气压过低报警开关　9—前桥贮气筒　10—挂车制动控制阀　11—连接头　12—分离开关　13—快放阀　14—双通单向阀　15—制动灯开关　16—后轮制动气室　17、18、19—放水阀　20—调压阀　21—双针气压表　22—前轮制动气室　23—制动控制阀

2）工作过程。

① 当踩下制动踏板时，拉杆拉动制动控制阀使之工作，由于前桥贮气筒和并列双腔与制动控制阀的右腔室相连，后桥贮气筒与控制阀的左腔室相连，所以前、后桥贮气筒的压缩空气便通过制动控制阀的右腔和左腔进入前、后轮制动气室，使前、后轮制动。

同时，通过前、后制动管路之间并联的双通单向阀接通挂车制动控制阀，将由湿贮气筒与通向挂车的通路切断。由于挂车采用断气制动，所以挂车也同时制动。

② 当放松制动踏板时，前后制动气室、挂车制动阀及管路中的压缩空气都经制动控制阀排气孔排入大气，从而解除制动。

2. 气压制动系统的主要部件

气压制动系统的主要部件包含空气压缩机、调压阀、制动控制阀和制动气室。

（1）空气压缩机 空气压缩机的作用是产生压缩空气，是整个气压制动系统的动力源。

空气压缩机一般固定在发动机缸体的一侧，多由发动机通过带或齿轮来驱动，也有的采用凸轮轴直接驱动。空气压缩机按缸数可分为单缸（用于东风 EQ1090E 型汽车）和双缸（用于解放 CA1092 型汽车）两种，其工作原理类似。如图 3-29 所示为东风 EQ1090E 型汽车采用的单缸风冷式空气压缩机实物图。

1）构造。空气压缩机具有与发动机类似的曲柄连杆机构。铸铁制造的气缸体下端用螺栓与曲轴箱连接，缸体外铸有散热片，铝制气缸盖用螺栓紧固在气缸体上端面，其间装有密封缸垫。缸盖上有进、排气室，里面各装一个方向相反的片状阀，用弹簧压紧于阀座上。排气阀经排气管与贮气筒相通，进气阀经进气道与空气滤清器相通。进气阀上方装有卸荷装置（卸荷室或卸荷阀）。当贮气筒的气压达到规定值后，由调压阀进入卸荷室，使卸荷阀下移，压开进气阀使空气压缩机卸荷空转。

2）工作过程。进气过程。当活塞由上止点向下止点运动时，气缸内产生真空，迫使进气阀打开，排气阀关闭，外界空气经空气滤清器和进气阀进入气缸。当活塞运动到接近下止点时，由于真空度的减弱，进气阀在复位弹簧的作用下关闭，进气过程结束。

图 3-29 东风 EQ1090E 型
汽车单缸空气压缩机

泵气过程。当活塞由下止点向上止点运动时，气缸内的空气被压缩，进气阀关闭。当被压缩的空气压力超过排气阀复位弹簧的预紧力时，排气阀打开，空气被压送到贮气筒，压缩过程结束。

（2）调压阀

1）调压阀的作用。调压阀使贮气筒内气压能控制在规定的范围内，并在超过规定气压时，使空气压缩机卸荷空转，以减少发动机的功率损失。调压阀的连接方式通常有并联和串联两种。

2）调压阀的构造。如图 3-30 所示，调压阀壳体上装有两个带滤芯的管，接头分别与卸荷室和贮气筒相连。壳体和盖之间装有膜片调压弹簧，膜片中用螺纹固连着空心管。空心管可以在壳体中央的孔中滑动，其间有密封圈，上部的侧面有径向孔与轴向孔相通。调压阀下部装有与大气相通的排气阀。

3）调压阀的工作过程。当贮气筒内的气压低于规定值时，膜片下腔气压较低，不能克服调压弹簧的预紧力，膜片连同空心管被调压弹簧压到下极限位置，空心管下端面紧压着排气阀，并将它推离阀座。此时，由贮气筒至卸荷室的通路被隔断，卸荷室与大气相通，卸荷阀在最高位置，进气阀处于密封状态，空气压缩机对贮气筒正常充气，如图 3-31 所示。

（3）制动控制阀

1）制动控制阀的作用。制动控制阀控制从贮气筒进入制动气室和挂车制动阀的压缩空气，即控制制动气室的工作气压，同时在制动过程中具有渐进随动的作用，从而保证制动气室的工作气压与制动踏板的行程有一定的比例关系，确保制动的稳定、可靠、安全。

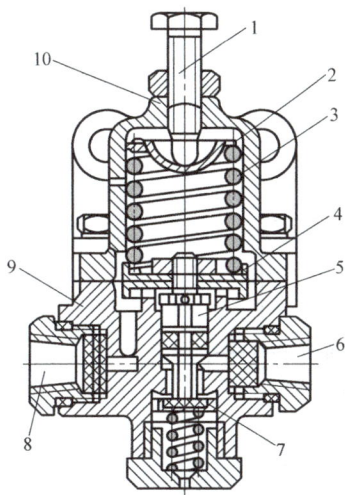

图 3-30 空气压缩机的调压阀

1—调节螺钉 2—弹簧座 3—调压弹簧
4—膜片 5—空心管 6—接空压机卸荷
室管接头 7—排气阀 8—接贮气筒管接
头 9—壳体 10—调压阀盖

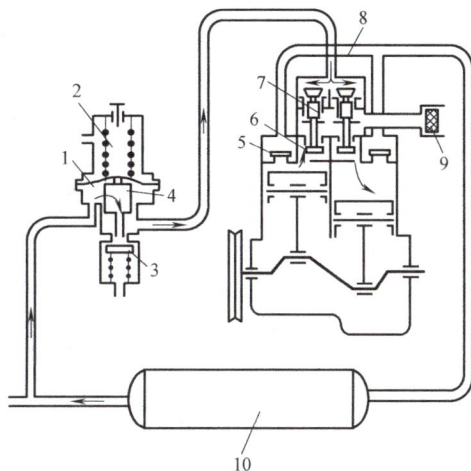

图 3-31 调压阀的工作情况

1—调压阀膜片 2—调压弹簧 3、5—排气阀 4—空气管
6—进气阀 7—卸荷阀 8—出气管 9—空气滤清器
10—贮气筒

2）制动控制阀的组成。制动控制阀主要由上壳体、下壳体、平衡臂、膜片及阀门等部件组成。

3）制动控制阀的工作过程。如图 3-32 所示，踩下制动踏板时，拉动制动阀拉臂，将平衡弹簧上座下压，经平衡弹簧和下座、钢球，通过推杆及钢球压下平衡臂，推动两腔膜片总成下移。消除间隙后，先关闭排气阀口，再打开进气阀口，贮气筒内的压缩空气经制动阀进入各制动气室，推杆推动调整臂使凸轮转动，制动蹄压向制动鼓，产生制动作用。

踩下踏板并停在某一位置不动时，由于压缩空气不断输送到前、后制动气室，同时压缩空气经节流孔进入平衡腔 V 的气压也随之增大。

当膜片下方的总压力和复位弹簧的弹力之和大于平衡弹簧的弹力时，膜片总成上移，通过平衡臂顶动平衡弹簧下座上移，平衡弹簧被压缩，阀门将进气阀和排气阀同时关闭，贮气筒停止对制动气室输送压缩空气，处于一种平衡状态。同样，各制动气室的压缩空气便保留在室中，车轮应保持一定的制动强度，此时称为平衡过程。

放松制动踏板时，拉臂在复位弹簧的作用下复位，平衡弹簧座上端面的压力消除，推杆、平衡臂和膜片总成均在复位弹簧及平衡腔内压缩空气的作用下向上移，排气阀口 E 打开，制动气室及制动管路的压缩空气便经排气阀口，穿过芯管内孔通道，从上体排气口 B 排入大气，同时，在复位弹簧的作用下，摩擦片与制动鼓分离，制动解除。

（4）制动气室

1）制动气室的作用。将空气压力转变为制动凸轮的机械力，使车轮制动器产生摩擦力矩。制动气室分膜片式和活塞式两种。

2）制动气室的结构。如图 3-33 所示为解放 CA1092 型汽车所采用的膜片式制动气室。

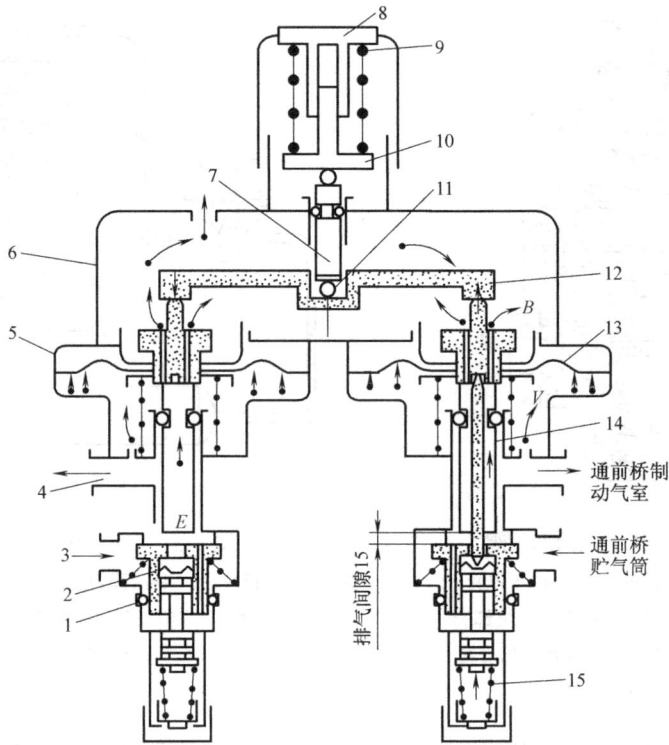

图 3-32　并列双腔膜片式控制制动阀

B—排气口　*E*—排气阀口　*V*—平衡腔

1—密封圈　2—两用阀总成　3—通后桥贮气筒　4—通后桥制动气室　5—下壳体　6—上壳体　7—推杆　8—平衡弹簧上座　9—平衡弹簧　10—平衡弹簧下座　11—钢球　12—平衡臂　13—膜片　14—膜片芯管　15—滞后弹簧

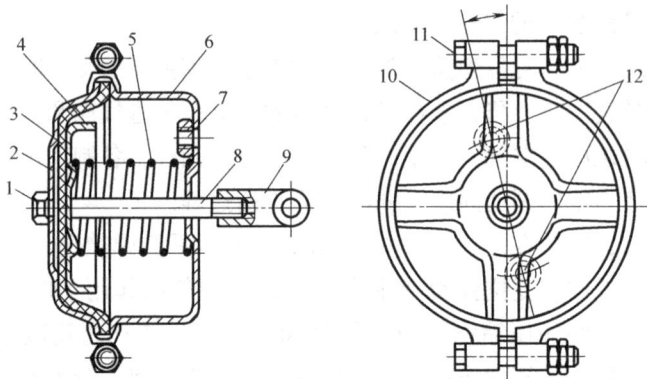

图 3-33　膜片式制动气室

1—进气孔　2—盖　3—膜片　4—支承盘　5—弹簧　6—壳体　7—固定螺孔　8—推杆　9—连接叉　10—卡箍　11—螺栓　12—固定螺栓

它主要由盖、膜片、外壳及复位弹簧等部件组成。

3）制动气室的工作过程。制动时，踩下制动踏板，压缩空气经制动阀进气孔充入工作腔，膜片向右拱曲将推杆推出，使制动调整臂带动制动凸轮转动，从而推动制动蹄张开压向制动鼓，实现制动。松开制动踏板，工作腔中的压缩空气经制动控制阀（或快放阀）排入大气，膜片和推杆在弹簧作用下复位，从而解除制动。

四、制动传动系统主要总成的检修

1. 液压制动传动装置的检修

（1）制动主缸（总泵）的检修

1）直观检查缸筒内壁工作面的磨损状况，工作面上不允许有麻点和划痕。用百分表检测其圆柱度误差大于 0.025mm，或缸筒内壁磨损大于 0.12mm，或泵筒与活塞配合间隙大于 0.15mm 时，应换用新件。

2）检测活塞与缸筒配合间隙过大时，若是由于活塞磨损过多而造成的，只需更换活塞即可。

3）直观检查缸筒内壁上若有锈蚀、麻点时，如果不在皮碗行程内，允许继续使用。

4）直观或敲击检查缸体，不得有任何性质的裂纹、缺口和破损等损伤。轻微者应予焊修，严重者换用新件。

5）直观检查活塞上的星形阀是否松脱、破裂，如有应予重铆或换用新件。

6）直观检查出、回油阀门是否失效，皮碗、密封圈是否发胀、变形、破损等。如有，一律换用新件。

7）用弹力测试仪检查主缸和轮缸复位弹簧的弹力，应符合技术标准。如不符合要求，一律报废，换用新件。

8）上海桑塔纳 LX 型轿车制动主缸及真空助力器损坏时，应换用新的总成，不允许进行解体维修。

（2）制动轮缸的检修

1）制动轮缸主要零件的检修与制动主缸基本相同，要注意的是在更换轮缸时，其规格需与原车轮缸相同。

2）同一桥上的两只轮缸的内径必须相同，以保证得到相等的制动力，防止制动跑偏。

3）检查放气螺塞的锥面应平滑、规整，不得有凹槽和破损，否则应予修复。

4）上海桑塔纳 LX 型轿车前轮缸缸筒直径磨损大于 0.10mm 或缸筒与活塞的配合间隙大于 0.15mm 时，应更换制动钳总成。后轮缸缸筒磨损大于 0.08mm，或缸筒与活塞面出现划痕及锈蚀时，应更换轮缸总成。

（3）液压制动系统空气的排出

1）人工法。首先在储液室中加足制动液（达到 MAX 处），然后旋出轮缸的放气螺钉，用一根皮管装在放气螺塞上，另一端插入盛制动液的容器中。两人协同进行，一人在驾驶室内，踩下和放松制动踏板数次，直至踩不下去为止，并用力踩住踏板。另一人在车下把轮缸放气螺塞旋松，空气随制动液一起排出。当制动踏板下降到底后，立即拧紧放气螺塞，然后再抬起踏板。如此反复上述过程数次，直至制动液中无气泡为止，则空气完全被排出。

人工排气过程中，必须随时检查储液室内的液面高度，并不断加注制动液。在加注制动液时应注意，由于各厂家生产的制动液化学成分不同，不能混合使用。在排气时，一般由最远的一个轮缸先进行，各轮缸的排气顺序应为：右后轮——左后轮——右前轮——左前轮。空气排出后，储液室液面距加油口的高度为 15～20mm。

2）压力法。将专用加液放气装置 VW1238/1 连接在储液罐上，在轮缸放气螺塞上接一软管，放入容器，然后根据各轮缸放气顺序进行放气。此装置是以一定的压力把制动液充到制动系统中，使空气排出，最后储液罐的液面高度必须达到 MAX 处。

2. 气压制动传动装置的检修

（1）空气压缩机的检修

1）缸体与缸盖的检修。用钢直尺和塞尺进行检测，缸盖与缸体、曲轴箱与底盖的平面度误差应不大于 0.05mm，否则应予磨修。直观或敲击检查，缸体、缸盖若有裂纹，应换用新件。

2）气缸内径磨损状况的检测。用量缸表检测气缸磨损状况。若圆柱度误差大于 0.25mm，圆度误差大于 0.08mm 时，应进行镗磨。镗磨时，应按修理尺寸进行，一般分五级，每一级加大 0.25mm。

当气缸镗磨至最后一级修理尺寸时，可重新镶套修复。进行镶套时，其配合过盈量应为 0.05～0.12mm。

3）曲轴的检修。直观检查曲轴，若出现裂纹，应换用新件。检测曲轴轴颈与滚珠轴承配合间隙大于 0.02mm 时，可对轴颈进行镀铬或堆焊修理，或换用新件。若连杆轴颈的圆度误差超过 0.10mm 时，应磨修或换用新件。超过极限磨损量时，必须换用新件。

4）活塞连杆组的检修。若连杆出现弯曲变形，应进行校正。若有裂纹，换用新件。若选用新活塞，应达到技术标准，活塞与气缸的配合间隙为 0.03～0.09mm。连杆轴承与轴颈的配合间隙大于 0.12mm 时，应换用新轴承。

（2）制动控制阀的检修

1）用塞尺检测制动阀壳体结合面平面度误差，应不大于 0.10mm，否则进行修磨。若阀门压痕深度超过 0.50mm，应换用新件。

2）直观检查各弹簧，若有断裂或弹力明显减弱，应换用新件。各弹簧的技术状况应符合要求。

3）检查进、排气阀和阀座，若有刮伤、凹痕或磨损过度，应换用新件。若有轻微磨损，可在接触面上均匀涂上细研磨膏进行研磨。

4）检查制动信号灯开关工作是否正常。如安装壳有裂纹或螺纹损坏时，应换用新件。

5）若进行大修时，解体后各种橡胶密封圈及膜片均换用新件。推杆与衬套配合松旷时，也应换用新件。

（3）制动气室的检修

1）膜片式制动气室的检修。膜片如有裂纹、变形或老化等损伤，应换用新件。制动软管的内径和膜片的厚度，同一轴上的左、右轮必须一致，否则予以调整更换。

弹簧如有明显变形、严重锈蚀或弹力减弱、断裂，应换用新件。

盖与壳有裂纹，可用环氧树脂胶粘接或进行焊修；推杆弯曲可进行校正；推杆孔磨损过多，可堆焊修复。

2）膜片式制动气室调整与装配的要点。首先把弹簧套在推杆上，再把推杆插入壳的孔中，装上连接叉，然后按拆时所做记号装复壳和盖，并分两次均匀对称地拧紧盖上螺母。当把连接叉拧到推杆螺纹底部时，推杆外露部分的长度应符合技术标准。装复后用压力为882kPa的压缩空气试验时，不得有漏气现象。

调整连接杆叉孔与制动调整臂孔时，可转动推杆叉或制动臂蜗杆进行调整，使连接叉孔与制动调整臂孔重合。但要注意，推杆外露部分不能过长，而且左、右轮应保持一致，不允许用拉动推杆的方法对准叉孔。

五、制动传动装置的故障分析

1. 液压制动传动装置的常见故障分析

液压制动传动装置主要用于轿车的行车制动系统，常见的故障有液压制动不良、制动跑偏和制动拖滞等。如图3-34所示为制动不良的故障分析，制动跑偏和制动拖滞的故障现象、故障原因及排除方法见表3-3和表3-4。

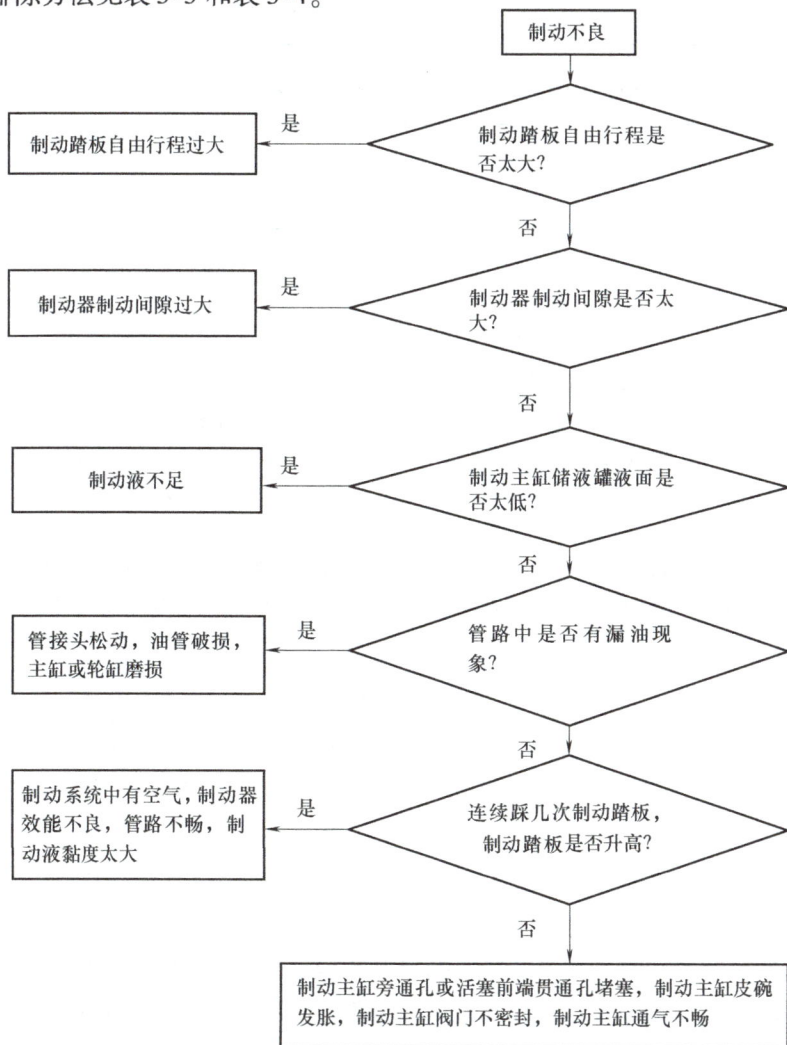

图 3-34　液压制动传动装置制动不良故障分析

表3-3　液压制动传动装置制动跑偏的故障现象、故障原因及排除方法

故障现象	故障原因	故障排除方法
汽车制动时，左、右车轮制动力不相等或制动生效时间不一致，导致汽车向制动较大或制动动作较早一侧行驶的现象	1) 左、右车轮制动器制动间隙大小不一致，或摩擦片与轮毂接触面积相差太大，或摩擦片材料、质量、规格不一样 2) 左、右制动鼓内径相差过多，或复位弹簧弹力相差太大，或轮胎气压大小不一样 3) 个别车轮摩擦片有油污、硬化或铆钉外露，或轮缸内活塞卡滞、皮碗发胀，或油管堵塞，或制动鼓失圆 4) 车架变形，前轴外移，前后轴不平行，两前轴钢板弹簧弹力不一致	1) 在汽车行驶中制动，若汽车向左倾斜，则为右轮制动性能差；反之为左轮制动性能差 2) 当汽车制动后，查看轮胎在路面上的拖印情况，拖印短或没有拖印的车轮，则为制动有故障的车轮 3) 查出有故障车轮后，先检查该车轮制动管路是否漏油，轮胎气压是否达到技术标准。若正常，再检测制动间隙是否符合技术标准，否则予以调整。若仍无效，应拆下制动鼓，逐一检查各件，特别是制动鼓的尺寸要严格检测 4) 经上述检修后，各车轮拖印基本符合要求，但制动时仍跑偏，则故障不在制动系统，应检测车架或前轴的技术状况。若出现忽左忽右的跑偏现象，则应检查前束或纵横拉杆球头销是否松旷

表3-4　液压制动传动装置制动拖滞的故障现象、故障原因及排除方法

故障现象	故障原因	故障排除方法
在行车制动中，当抬起制动踏板时，全部或个别车轮仍有制动作用，致使车轮起步困难，行驶无力，制动鼓发热	1) 制动踏板没有自由行程或复位弹簧过软、折断，踏板轴锈滞、发卡，复位困难 2) 主缸活塞变形，复位弹簧过软或折断 3) 制动间隙过小，制动蹄复位弹簧过软、失效，制动蹄在支承销上不能自由转动 4) 制动轮缸皮碗胀大，活塞变形 5) 制动管路凹瘪、堵塞，导致回油不畅	1) 汽车行驶一段路程后，用手抚摸各制动鼓。若全部发热，说明故障在制动主缸，若个别制动鼓发热，则故障在该车的制动轮缸 2) 若故障在制动主缸，应先检查踏板自由行程。如果无自由行程，则主缸推杆与活塞间隙过小或没有间隙，应进行调整。若自由行程符合标准，则拆下主缸贮油室加油螺塞，踩下踏板慢复位，看其回油状况。若不回油，则为回油孔堵塞；若回油缓慢，则为皮碗、皮圈发胀或复位弹簧无力或油液太脏，黏度太大。经检查不符合技术标准，一律更换 3) 若故障在制动轮缸，把有故障的车轮顶起，旋松制动轮缸的放气螺钉，如制动液随之急速喷出，车轮也立即旋转自如，说明管路堵塞。若轮缸不能回油，应疏通油管。若旋转车轮仍有拖滞，可检查制动间隙和复位弹簧，若正常，应检拆制动轮缸，必要时，活塞、皮碗均换用新件

2. 气压传动装置的常见故障分析

气压制动传动装置常见的故障部位主要有空气压缩机、空气压缩机传动带、制动控制阀、制动气室和各管接头等。

气压制动传动装置的常见故障主要包括制动不良、制动失效、制动拖滞和制动跑偏等。制动不良和制动失效的故障现象、故障原因和排除方法见表3-5和表3-6，图3-35所示为制动失效故障的排除流程。

表 3-5　气压制动传动装置制动不良故障的现象、原因及排除方法

故障现象	故障原因	故障排除方法
1）制动时不能迅速减速或停车 2）第一次踩下制动踏板时制动不良，连续踩制动踏板，踏板逐渐升高，但脚踏触感减弱，且制动效果不佳	1）空气压缩机故障：传带打滑或断裂，活塞与缸筒严重磨损，卸荷阀关闭不严，气压调节阀起不到很好的调节作用 2）贮气筒上的安全阀失效导致气压过低 3）制动阀故障：进、排气阀关闭不严，膜片破裂，活塞的密封圈密封性不好，排气间隙过大。 4）快放阀膜片破裂 5）制动气室膜片破裂 6）车轮制动器发生故障。例如：①制动鼓与制动蹄之间间隙过大或接触面积过小；②制动蹄片上沾有油污或水；③制动蹄片上铆钉松动；④制动鼓失圆或磨有沟槽；⑤凸轮轴、制动蹄的支承销锈死或磨损松旷；⑥调节臂上的调整蜗杆调整不当；⑦制动管路漏气； 7）制动鼓磨损过大或变形 8）制动气室推杆行程过小 9）制动踏板自由行程太大 10）制动控制阀或制动气室膜片破裂 11）制动管路凹瘪、内壁积垢严重或软管内孔不畅通，或制动管路漏气	检查踏板自由行程是否太大，气室推杆动作是否良好，制动器制动间隙是否正常 起动发动机，气压表的读数应能上升至正常气压，若气压不足，应检查空气压缩机传动带是否松动，至贮气筒的管路是否泄漏 若气压正常但发动机熄火后气压下降，检查制动阀是否漏气，管路是否漏气 若气压正常，发动机熄火后也正常，但踩下制动踏板后气压不断下降，故障为制动控制阀关闭不严，管路接头漏气，制动气室膜片破裂 若气压正常，发动机熄火也正常，但踩下制动踏板后气压下降太小，故障是制动控制阀进气阀打开太小或平衡弹簧预紧力太小

表 3-6　气压制动传动装置制动失效故障的现象与原因

故障现象	故障原因
汽车行驶中，将制动踏板踩到底，制动装置不起作用，或在使用一次或几次制动后，制动装置突然不起作用，都属于制动失效故障	1）贮气筒无气或充气量不足。例如：①空气压缩机传动带断裂或打滑；②空气压缩机与贮气筒之间的贮气管道破裂、堵塞，或管道接头松脱漏气严重；③卸荷阀卡死；④挂车制动分离开关未关或关闭不严；⑤贮气筒破裂，贮气筒各功能阀失效、漏气 2）制动阀故障。例如：①制动阀的进气阀被卡住或关闭不严，造成进气阀不能打开，压缩空气从排气口排出；②制动踏板传动机构折断；③制动管路折断，接头松脱或管道堵塞 3）制动气室故障。例如：①制动气室膜片破裂；②壳体破损，接合面松动；③推杆在壳体孔中卡死而不能移动；④调整臂调整不当导致制动气室推杆行程过小 4）车轮制动器故障。例如：①制动凸轮轴与支架衬套卡死，导致凸轮轴不能转动，或转角过小；②制动蹄摩擦片、制动鼓磨损后间隙过大；③制动蹄摩擦片大面积脱落或严重烧蚀；④制动鼓开裂破碎；⑤制动器过热或潮湿

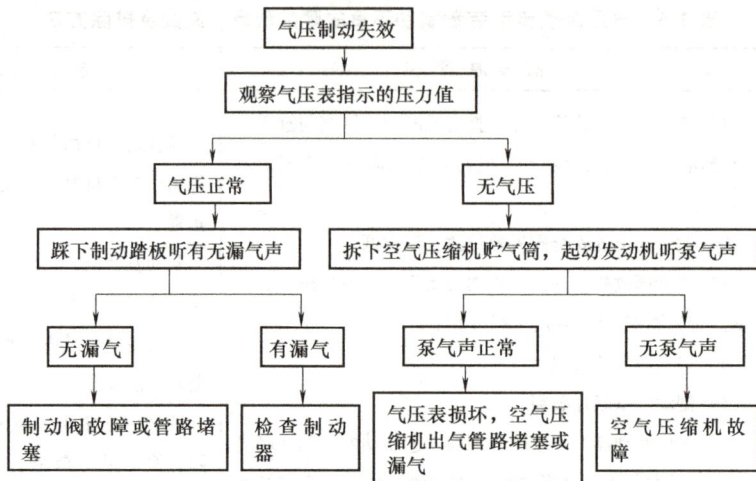

图 3-35 气压制动传动装置制动失效故障排除流程

【任务实施】

制动传动系统的检修

一、实施目的

1）能检修制动传动装置。

2）能诊断液压制动拖滞的故障。

3）能诊断气压制动不良的故障。

二、准备工作

（1）所需设备 实训用车辆，基本拆装工具，照明电筒和钢直尺等。

（2）工具和材料 维修手册，前格栅布，翼子板防护套，环保三件套，干净的抹布和车轮挡块等。

（3）安全防护用品 标准作业装、安全鞋和手套等。

（4）汽车信息收集

车牌号码：_____；车辆型号：_____；

VIN 码：_____；行驶里程：_____。

三、技术规范与注意事项

1）制动传动装置检查周期为 7500km。

2）进行举升作业时，一定要遵守举升机使用安全规范，严禁违规操作，注意穿戴好防护用具。

3）使用维修手册时，要注意避免残缺不全，资料应与使用车辆的型号相对应。

4）要遵守维修手册规定的其他技术和安全要求。

四、实施步骤及方法

1. 检修作业的准备及预检

（1）一般准备工作

1）与小组成员共同清洁整理场地。 □ 任务完成

2）清点所需工、量具的数量和种类。 □ 任务完成

3）检查设备，工、量具的性能是否良好。 □ 任务完成

（2）安全防护准备工作

1）安装车轮挡块阻挡车轮。 □ 任务完成

2）使用空挡和驻车制动。 □ 任务完成

3）安装好前格栅布及护套。 □ 任务完成

（3）发动机舱预检

1）检查发动机冷却液液位。 □ 正常 □ 不正常

2）检查发动机机油液位。 □ 正常 □ 不正常

3）检查制动液液位。 □ 正常 □ 不正常

4）检查刮水器喷洗器液面。 □ 正常 □ 不正常

2. 制动传动装置的检修

（1）检查驻车制动杆行程 □ 任务完成

（2）检查驻车制动器指示灯是否点亮 □ 任务完成

（3）检查制动器踏板的应用状况（响应性） □ 任务完成

（4）检查制动器踏板的应用状况（完全踩下） □ 任务完成

（5）检查制动器踏板的应用状况（异常噪声） □ 任务完成

（6）检查制动器踏板的应用状况（过度松动） □ 任务完成

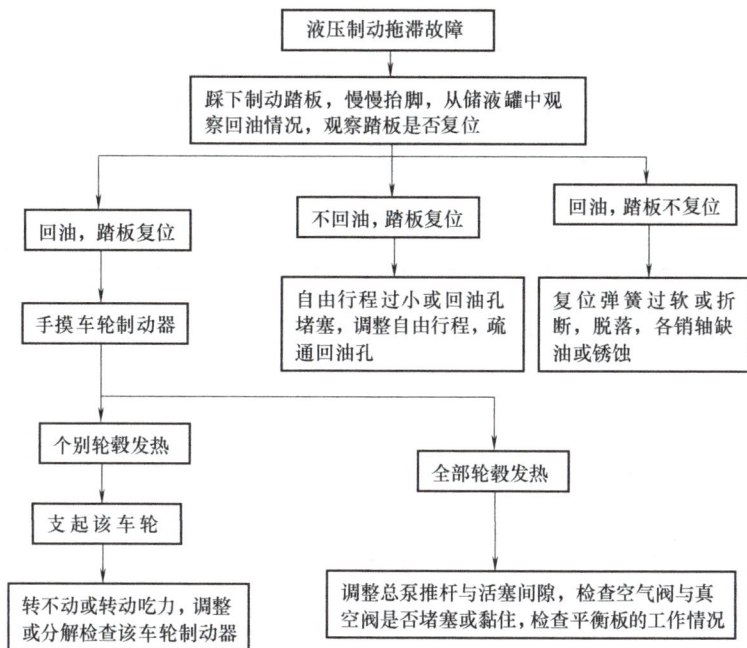

图 3-36 液压制动拖滞故障的诊断流程

（7）测量制动踏板高度　　　　　　　　　　□ 任务完成

（8）测量制动踏板自由行程　　　　　　　　□ 任务完成

（9）测量制动踏板行程余量　　　　　　　　□ 任务完成

（10）检查制动助力器的工作情况　　　　　□ 任务完成

（11）检查制动助力器的真空功能　　　　　□ 任务完成

3. 液压制动拖滞故障的诊断

如图 3-36 所示为液压制动拖滞故障的诊断流程。

4. 气压制动不良故障的诊断

如图 3-37 所示为气压制动不良故障的诊断流程。

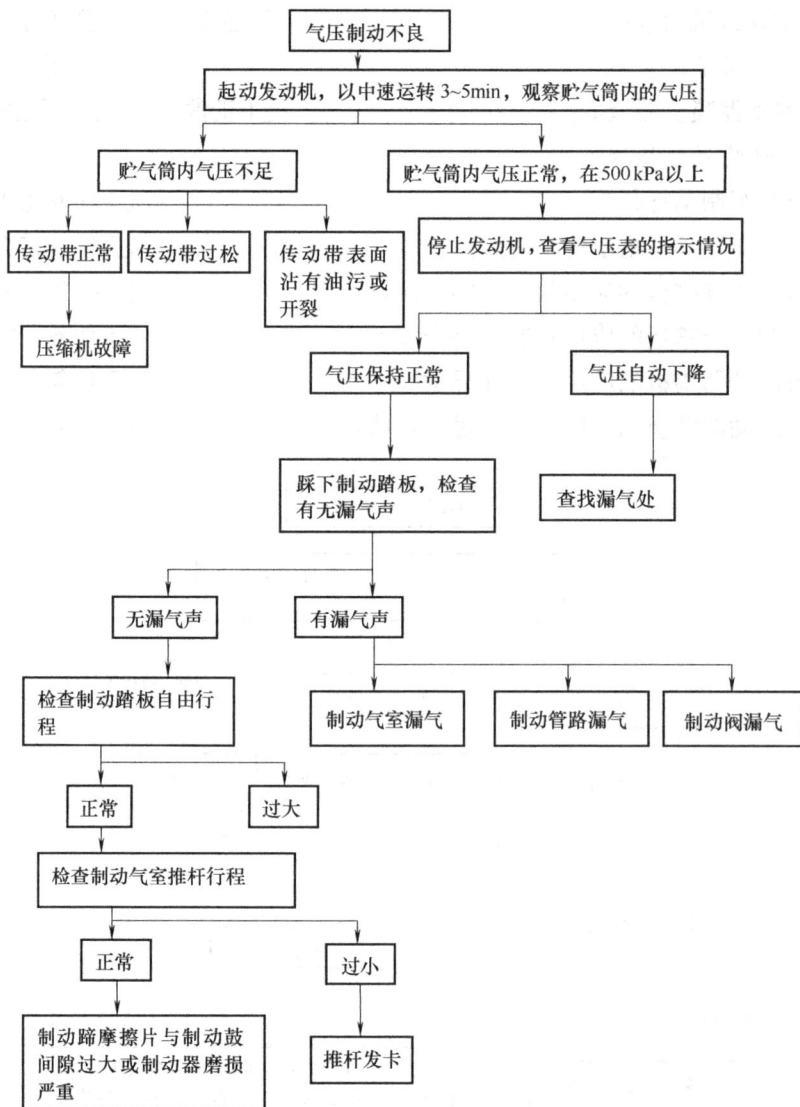

图 3-37　气压制动不良故障的诊断流程

【评价与反馈】

班级＿＿＿＿＿＿＿ 姓名＿＿＿＿＿＿＿ 指导教师＿＿＿＿＿＿＿

序号	考核项目	配分	考核内容		配分	考核标准	得分
1	出勤/纪律	5	出勤		2	违规一次不得分	
			行为规范		3	违规一次不得分	
2	安全/防护/环保	20	着装		4	违规一次不得分	
			个人防护		4	违规一次不得分	
			5S/EHS		4	违规一次不得分	
			设备使用安全		4	违规一次不得分	
			操作安全		4	违规一次不得分	
3	知识水平	20	知识测试成绩		20	按测验成绩的20%计	
4	技能考核	40	准备	清点工、量具，清理工位	1	未做不得分	
				清洁对象外观	1	未做不得分	
				检查电源开关	1	未做不得分	
			制动传动装置的检修	安装各种防护套	1	未做不得分	
				发动机舱预检	1	操作不正确扣1分	
				检查驻车制动杆行程	1	操作不正确扣1分	
				检查驻车制动器指示灯是否点亮	1	操作不正确扣1分	
				检查制动器踏板的应用状况（响应性）	1	判断不正确扣1分	
				检查制动器踏板的应用状况（完全踩下）	1	判断不正确扣1分	
				检查制动器踏板的应用状况（异常噪声）	1	判断不正确扣1分	
				检查制动器踏板的应用状况（过度松动）	1	判断不正确扣1分	
				测量制动踏板高度	1	操作不正确扣1分	
				测量制动踏板自由行程	1	操作不正确扣1分	
				测量制动踏板行程余量	1	操作不正确扣1分	
				检查制动助力器的工作情况	1	判断不正确扣1分	
				检查制动助力器的真空功能	1	判断不正确扣1分	

（续）

序号	考核项目	配分	考核内容				配分	考核标准	得分
4	技能考核	40	液压制动拖滞故障的诊断	从储液罐中观察回油情况			2	操作不正确扣1~2分	
				回油，踏板复位	不回油，踏板复位	回油，踏板不复位	2	判断不正确扣1~2分	
				检查制动鼓发热					
				个别轮毂发热调整或分解检查该轮制动器	全部轮毂发热调整总泵推杆与活塞间隙	调整自由行程，疏通回油孔	更换复位弹簧	8	检查不正确扣1~8分	
			气压制动不良的故障诊断	起动发动机，观察贮气筒内气压			2	操作不正确扣1~2分	
				气压不足	气压正常		2	判断不正确扣1~2分	
				检查传动带和压缩机	停止发动机，查看气压表				
					气压保持正常	气压自动下降	8	检查不正确扣1~8分	
					检查其他漏气点	查找漏气处			
5	学习能力	10	填写工单，制订工艺计划				4	未做不得分	
			组内活动情况				4	酌情扣1~4分	
			资料查询和收集				2	未做不得分	
6	任务拓展	5	知识拓展任务				2	未做不得分	
			技能拓展任务				3	未做不得分	
7	总分	100							

【教师评估】

序　号	优　点	存在问题	解决方案

教师签字：

汽车底盘构造与维修

项目四

行驶系统的构造与维修

任务一　车架与车桥的构造与维修

【任务目标】

目标类型	目标要求
认知目标	了解车架与车桥的功用、类型及组成
技能目标	1. 掌握悬架的拆装及维修方法 2. 掌握四轮定位的方法
情感目标	1. 注意机械伤害 2. 养成良好的作业习惯

【任务描述】

　　一辆桑塔纳 2000 汽车发生了追尾事故，调查发现此车在日常行驶中出现过种种不良现象，例如侧滑、跑偏和轮胎偏磨等，这种情况通常需要对此车进行四轮定位。

【任务分析】

　　汽车发生严重追尾事故后，会导致转向不灵便，直线行驶易发生侧滑，轮胎磨损严重。这就需要维修人员根据自己所掌握的有关汽车行驶系统方面的知识，对故障车辆进行相应的维修。

【相关知识】

　　一、车架

　　车架有以下功用。

1）安装汽车各种总成部件，并使其保持正确的相对位置。

2）承受来自车上和地面之间的各种静、动载荷。

对车架有以下要求。

1）满足汽车总体布置的要求。

2）具有足够的强度和刚度，且其质量应尽可能小。

3）要求车架结构尽可能简单，有利于降低汽车质心产生较大的转向角度。

车架按结构形式不同可分为边梁式车架、中梁式车架、综合式车架和无梁式车架等。

1. 边梁式车架

边梁式车架由两根位于两边的纵梁和若干根横梁组成，用铆接法或焊接法将纵梁和横梁连接成坚固的刚性构架，被广泛用于中型货车以及大多数特种汽车上，如图4-1所示。

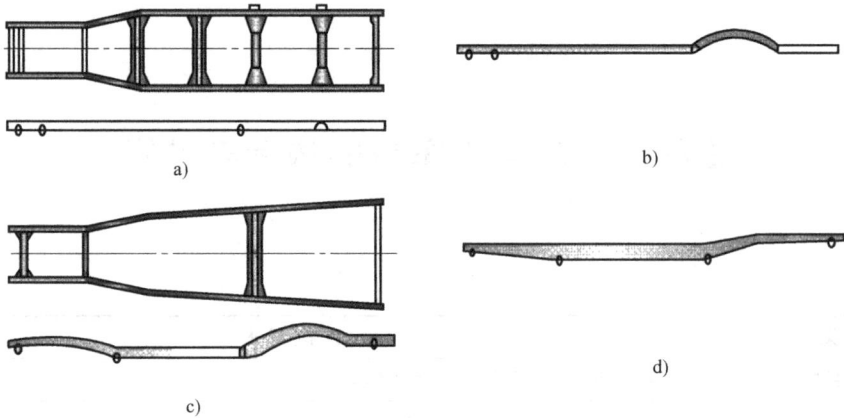

图4-1　边梁式车架的结构类型

a）货车车架　b）公共汽车车架　c）轿车车架　d）轻型货车车架

1）边梁式车架的优点：承载能力和抗扭刚度强，结构简单，工艺要求较低。

2）边梁式车架的缺点：钢制边梁质量大，边梁纵贯全车，影响整车的布局和空间利用率，且使整车重心偏高。

如图4-2所示为东风EQ1092型汽车车架，它主要由两根纵梁和八根横梁铆接而成，前后等宽，纵梁为槽形不等高断面梁，中部断面高度最大，向两端断面高度逐渐减小，既使应力分布较均匀，又降低了全车整备质量。在左右纵梁上各有100多个装置用孔，用于安装转向器、钢板弹簧、燃油箱、储气罐和蓄电池等。

前横梁上装有冷却散热器，发动机前悬横梁做成凹形，以降低发动机位置，改善驾驶人视野；驾驶室后悬横梁做成拱形，以便安装传动轴中间轴承支架；后横架中部装有拖带挂车用的拖钩，用角撑加强。车架前端有横梁式的缓冲件——保险杠。

2. 中梁式车架

中梁式车架又称脊梁式车架，由一根贯穿汽车纵向的中央纵梁和若干根横向悬伸托架构成，如图4-3所示。

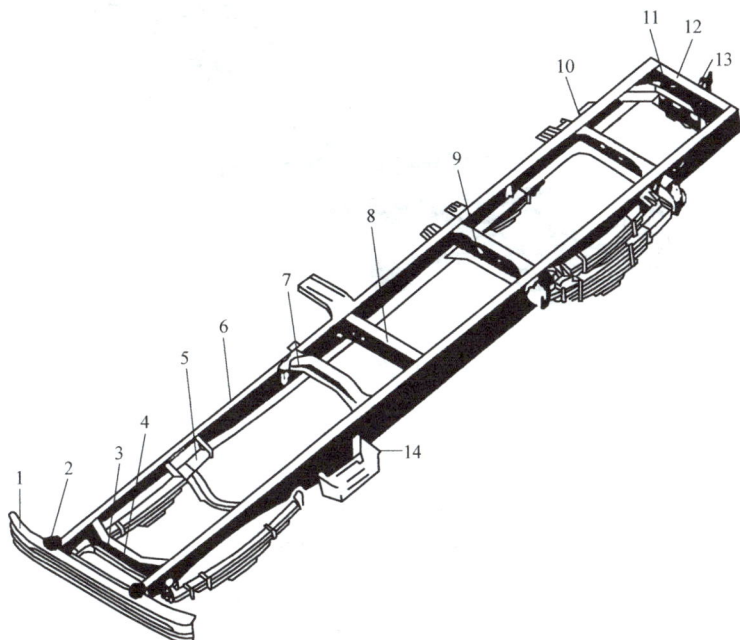

图 4-2　东风 EQ1092 型汽车车架

1—保险杠　2—挂钩　3—前横梁　4—发动机前悬横梁　5—发动机后悬置右（左）
支架和横梁　6—纵梁　7—驾驶室后悬置横梁　8—第四横梁　9—后钢板弹簧前支架横梁
10—后钢板弹簧后支架横梁　11—角撑横梁组件　12—后横梁　13—拖曳部件　14—蓄电池托架

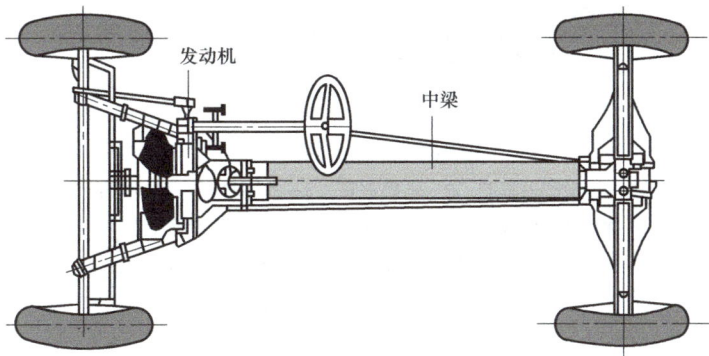

图 4-3　中梁式车架

3. 综合式车架

综合式车架的前端是边梁式，而后端是中梁式。这种由边梁式和中梁式车架综合形成的
车架称为综合式车架，如图 4-4 所示。

4. 无梁式车架

无梁式车架是以车身兼代车架，所有的零部件都安装在车身上，所以这种车身称为承载

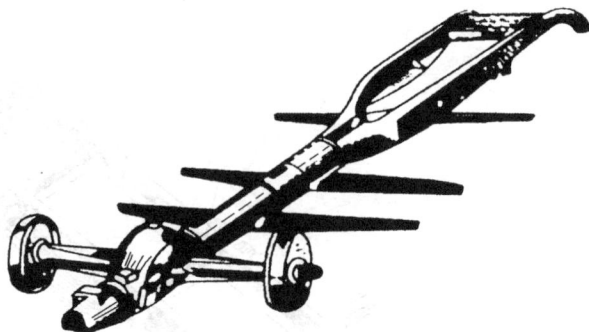

图4-4　综合式车架

式车身，其结构如图4-5所示。

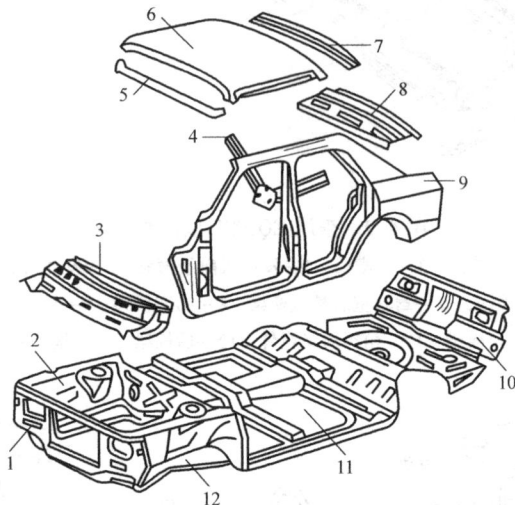

图4-5　承载式轿车车身

1—散热器框架　2—强挡泥板　3—前围外板　4—加强
撑　5—前风窗框上部　6—顶盖　7—后风窗框上部
8—后围板　9—侧门框部件　10—行李箱后板　11—底
板部件　12—底板前纵梁

二、车桥

根据悬架结构的不同，车桥分为非断开式车桥和断开式车桥两种，非断开式车桥用于非独立悬架，断开式车桥用于独立悬架。

根据车桥的作用不同，车桥可分为驱动桥、转向桥、支持桥和转向驱动桥，其中转向桥和支持桥属于从动桥。

1. 转向桥

转向桥由前梁、转向节、主销和轮毂等组成，如图4-6所示。

转向桥位于汽车前部，因此也常称为前桥。

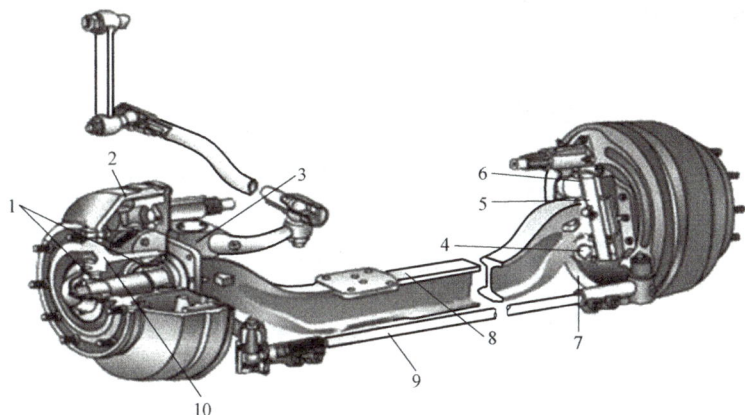

图 4-6　转向桥的结构

1—轮毂轴承　2—制动鼓　3—转向节　4—止推轴承　5—主销　6—衬套
7—梯形臂　8—前梁　9—转向横拉杆　10—轮毂

转向桥的功用：通过转向节实现汽车车轮的转向；承受一定的载荷。除承受垂直载荷外，还承受纵向力和侧向力以及这些力所形成的力矩。

（1）前梁　前梁主要由钢材锻造而成，其断面一般采用工字形。前轴中部向下凹，以降低汽车重心，如图 4-7 所示。

（2）转向节　转向节是一个叉形件，由上、下两叉和支承轮毂的轴颈构成，其结构如图 4-8 所示。转向节上、下两叉上有销孔，通过主销与前轴的拳部相连，销孔内压入青铜或尼龙衬套，在衬套上开有润滑油槽，用装在转向节上的油嘴注入润滑脂进行润滑。

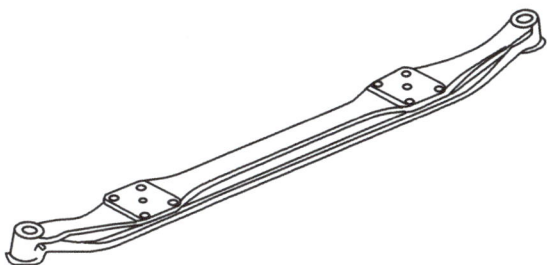

图 4-7　前梁

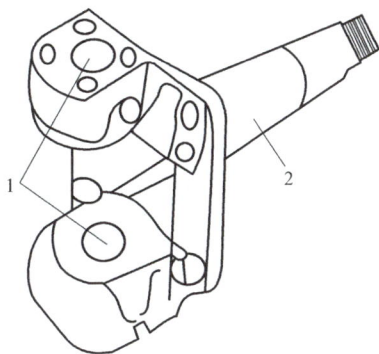

图 4-8　转向节

1—上、下叉销孔　2—轴颈

（3）主销　主销中部切有凹槽，带有螺纹的楔形锁销与主销凹槽配合，将主销固定在前轴拳部的孔内，使主销不能转动，而主销与转向节上、下两叉销孔间是间隙配合，使转向节绕着主销摆动，以实现汽车的转向。

（4）轮毂　轮毂通过内、外两个圆锥滚子轴承支承在转向节外端的轴颈上，轴承的松紧度可用调整螺母加以调整，如图4-9所示。

图4-9　轮毂

2. 转向驱动桥

能够实现车轮转向和驱动两种功能的车桥称为转向驱动桥，一般应用于全轮驱动的越野汽车和一些轿车的前桥上。在结构上，它具有一般驱动桥所具备的主减速器、差速器和半轴，也具有一般转向桥所具有的转向节、主销和轮毂。但由于转向的需要，半轴被分为两段（内半轴和外半轴），其间用万向节连接。转向驱动桥的结构如图4-10所示。

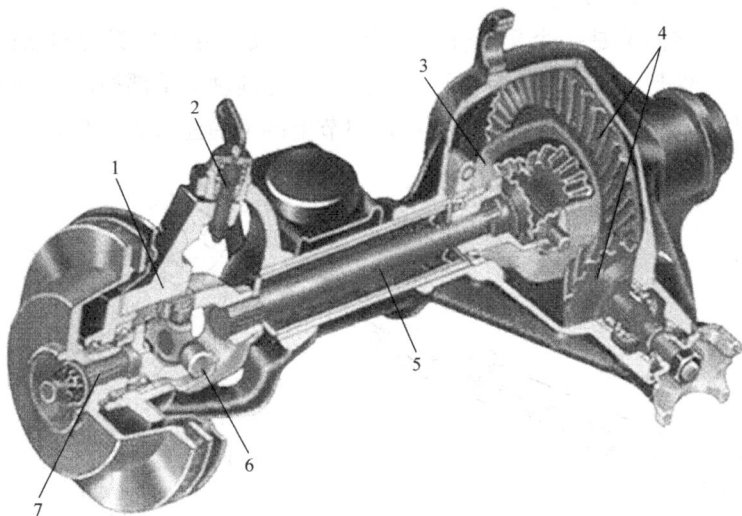

图4-10　转向驱动桥的结构
1—转向节　2—主销　3—差速器　4—主减速器　5—内半轴
6—万向节　7—外半轴

目前，许多轿车采用了发动机前置和前轮驱动的布置形式，其前桥既是转向桥又是驱动桥。如图4-11所示为上海桑塔纳轿车的前桥总成，它采用麦弗逊式独立悬架，其结构简单、行驶平稳，具有较小的转弯半径，而且具有良好的接近性，便于进行维修。

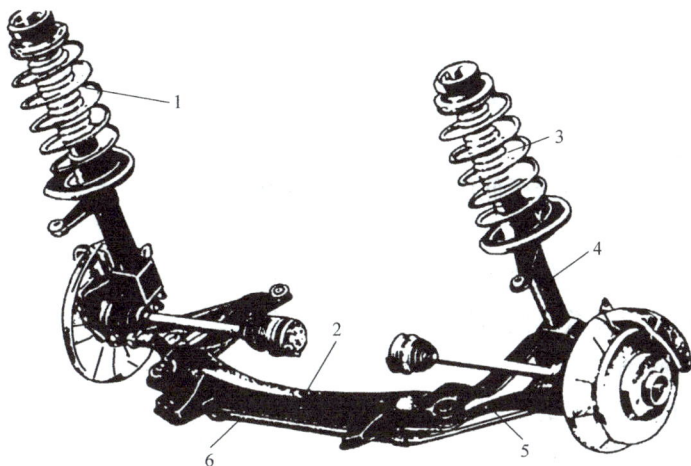

图 4-11　上海桑塔纳轿车的前桥总成
1—螺旋弹簧　2—副车架　3—橡胶防尘罩　4—悬架柱焊接件
5—摇臂　6—横向稳定杆

【任务实施】

四轮定位的调整

一、实施目的

1）学会如何调整安装检测仪器。

2）知道四轮定位仪的使用方法。

二、实训器材

实训用车辆前轮定位仪、回转角测定仪、拆装钳、踏板压杆、前束量规和通用工具等。

三、实施步骤及方法

1. 仪器的安装

1）锁住回转角测定仪。

① 在锁孔内插入锁销。

② 将指针调到"0"位。

2）将前轮放到回转角测定仪上。

① 将车轮中心与测定仪的中心对齐。

② 使左右回转角测定仪中心线与汽车中心线垂直。

③ 拔出定位销锁。

3）从回转角测定仪上拆下锁销。

① 拆下左、右两侧的锁销。

② 将指针调到"0"位。

4）拆卸轮毂螺母。使用卡钳拆卸轮毂螺母，用砂纸清除表面的毛刺和刻痕，将其作为定位仪安装的基准面。

　　5）安装定位仪。

　　① 将定位仪中心销与转向节轴心对齐。

　　② 确保定位仪安装牢靠。

　　6）踩下制动踏板，使用踏板低压杆压下制动踏板。

　　2. 外倾角的测量

　　1）调水平，调整前轮定位仪，直到气泡位于中心。

　　2）读取外倾角标尺读数，读出气泡中心位置的角度。

　　3. 主销后倾角的测量

　　1）拆下回转角测定仪上的锁销。

　　① 拆下左、右两侧的锁销。

　　② 将指针调整到"0"位。

　　2）转动车轮。

　　① 向外转动车轮。

　　② 在回转角测定仪上将车轮转动20°。

　　3）调水平，旋转前轮定位仪，直到气泡位于中心。

　　4）将后倾角标尺调到"0"位，转动后倾角调整螺母。

　　5）转动车轮。

　　① 向内侧转动车轮。

　　② 在回转角测定仪上，将车轮转动20°。

　　6）调水平，旋转前轮定位仪，直到气泡位于中心。

　　7）读外倾角读数，读出气泡中心指示的读数。

　　4. 主销内倾角的测量

　　1）拆下回转角测定仪的锁销。

　　① 拆下左、右锁销。

　　② 将指针指到"0"位。

　　2）转动车轮。

　　① 向外转动车轮。

　　② 在回转角测定仪上将车轮转动20°。

　　3）将主销内倾角标尺调到"0"位。

　　① 转动主销调整螺母。

　　② 右侧车轮使用上部标度，左侧车轮使用下部标度。

　　4）转动转向盘。

　　① 向内转动转向盘。

　　② 在回转角定位仪上将车轮转动20°。

　　③ 读标尺指定的值，即读出气泡中心的数值。

5. 前束的测量

1）调整前束量规指针。

2）将测量标记标在左右轮胎上。

3）调整前束量规的测量指针。

4）将车向前推。

5）将前束量规与测量标记对准。

6）在标尺上读取数值。

【评价与反馈】

班级_____姓名_____指导教师_____

序号	考核项目	配分	考核内容		配分	考核标准	得分
1	出勤/纪律	5	出勤		2	违规一次不得分	
			行为规范		3	违规一次不得分	
2	安全/防护/环保	20	着装		4	违规一次不得分	
			个人防护		4	违规一次不得分	
			5S/EHS		4	违规一次不得分	
			设备使用安全		4	违规一次不得分	
			操作安全		4	违规一次不得分	
3	知识水平	20	知识测试成绩		20	按测验成绩的20%计	
4	技能考核	40	准备	清点工、量具，清理工位	1	未做不得分	
				清洁对象外观	1	未做不得分	
				检查电源开关	1	未做不得分	
			仪器安装及使用	驾车时的安全防护	1	未做不得分	
				指针的调整	4	操作不正确扣1~4分	
				测定仪的正确使用	8	未做不得分	
				确认故障现象	4	操作不正确扣1~4分	
				定位仪的正确使用	4	诊断不正确扣1~4分	
				水平位置的调整	4	检修不正确扣1~4分	
				后倾角的测量	4	排除不正确扣1~4分	
				内倾角的正确测量	4	检查不正确扣1~4分	
				前束的测量方法	4	检查不正确扣1~4分	
5	学习能力	10	填写工单，制订工艺计划		4	未做不得分	
			组内活动情况		4	酌情扣1~4分	
			资料查询和收集		2	未做不得分	
6	任务拓展	5	知识拓展任务		2	未做不得分	
			技能拓展任务		3	未做不得分	
7	总分	100					

【教师评估】

序　号	优　点	存 在 问 题	解 决 方 案

教师签字：

任务二　悬架的构造与维修

【任务目标】

目 标 类 型	目 标 要 求
认知目标	了解汽车悬架的功用、组成及分类
技能目标	1. 掌握悬架系统常见故障的维修方法 2. 掌握必要的安全生产注意事项
情感目标	1. 注意机械伤害 2. 养成良好的作业习惯

【任务描述】

一辆桑塔纳 2000 汽车在直线行驶时，出现前轮跑偏的现象。

【任务分析】

汽车在不平路面上行驶发生碰撞，前后悬架与缓冲限位块发生撞击，以使前后悬架螺旋弹簧产生较大的塑性变形甚至折断，使减振器技术性能变差，工作失效。在实际生活中，汽车反复出现前轮跑偏等问题，说明悬架系统发生了故障。

【相关知识】

悬架是车架（或承载式车身）与车桥（或车轮）之间的弹性连接装置。

一、悬架的功用

1）缓冲和减振，即抑制和缓和由不平路面引起的振动和冲击。

2）传力。除传递垂直力外，还传递其他方向上的力和力矩。

3）保证车轮和车身（或车架）之间有确定的运动关系，使汽车具有良好的稳定性和平顺性。

二、悬架的组成

悬架主要由弹性元件、导向装置、减振器和横向稳定杆等组成，如图 4-12 所示。

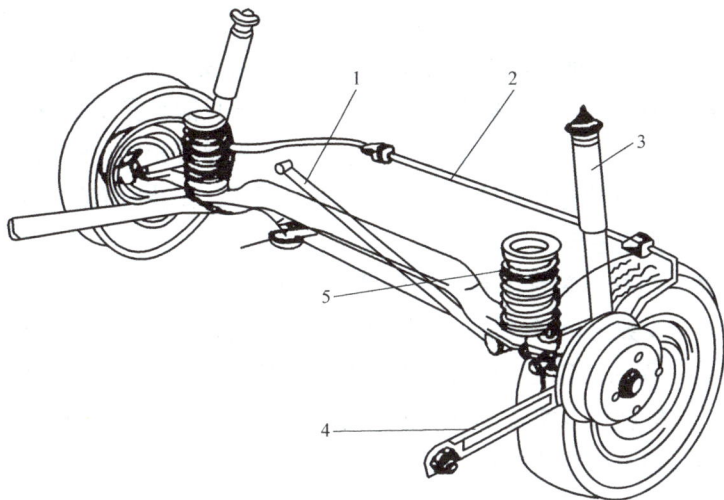

图 4-12　悬架的结构

1—横向推力杆　2—横向稳定器　3—减振器　4—纵向推力杆　5—弹性元件

1. 弹性元件

弹性元件的作用是承受和传递垂直载荷，缓和冲击。

弹性元件包括：钢板弹簧、螺旋弹簧、扭杆弹簧、气体弹簧和橡胶弹簧等。

（1）钢板弹簧　钢板弹簧是汽车悬架中应用最广泛的一种弹性元件，是由若干片等宽但不等长（厚度可以相等，也可以不相等）的合金弹簧片组合而成的一根近似等强度的弹性梁，其一般结构如图 4-13 所示。钢板弹簧本身还能起导向机构的作用，并且由于弹簧各片之间的摩擦而引起一定的减振作用。为了保证弹簧片间产生定值摩擦及消除噪声，可在弹簧片之间夹入塑料垫片。

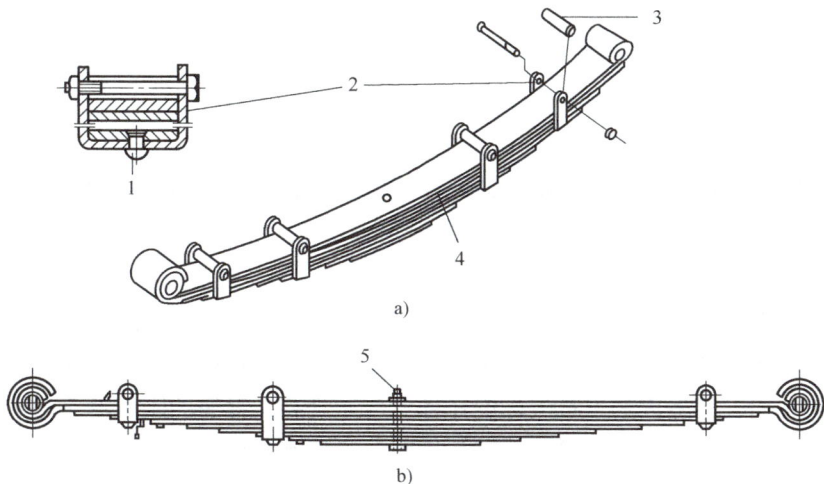

图 4-13　钢板弹簧的一般结构

a）对称式钢板弹簧　b）非对称式钢板弹簧

1—铆钉　2—弹簧夹　3—套管　4—钢板弹簧　5—中心螺栓

（2）螺旋弹簧　螺旋弹簧是用一根钢丝卷成螺旋状的弹簧，如图4-14所示。螺旋弹簧有等螺距和变等螺距之分，前者刚度不可变，后者刚度可变。螺旋弹簧本身没有减振作用，因此在螺旋弹簧悬架中必须另装减振器。此外，螺旋弹簧只能承受垂直载荷，故必须还要装设导向机构以传递除垂直力以外的其他力和力矩。与钢板弹簧相比，螺旋弹簧具有良好的吸收冲击能力，具有很好的舒适性，且无需润滑，不怕泥污，安装所需的纵向空间不大，质量轻，因此广泛应用于独立悬架上。

（3）扭杆弹簧　扭杆弹簧是由具有扭转弹性的弹簧钢制成的杆，结构如图4-15所示，扭杆断面常为圆形，少数为矩形或管状。其两端形状可以做成花键、方形和六边形等，以便一端固定在车架上，另一端固定在悬架的摆臂上。当车轮上下运动时，扭杆会发生扭曲，便起到弹簧的作用，这样就可以实现车轮与车架的弹性连接。但扭力杆扭曲角度大，弹簧刚度急速变化，没有螺旋弹簧的舒适性好。

图4-14　螺旋弹簧的结构

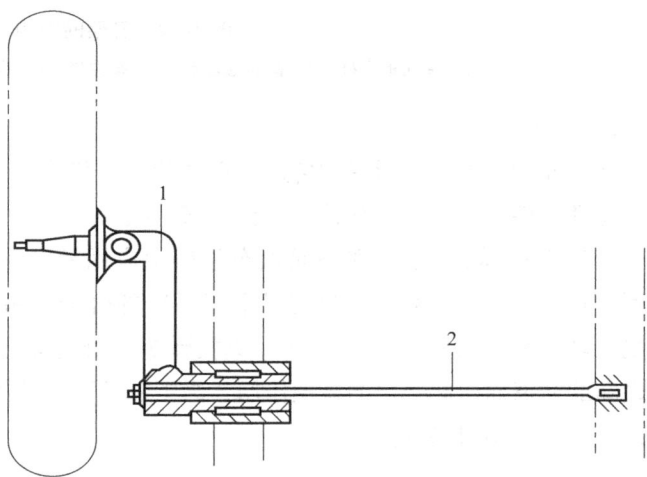

图4-15　扭杆弹簧
1—摆臂　2—扭杆

此外，扭杆弹簧在汽车上的布置比较方便，它可以与汽车纵轴线平行布置，也可以横向布置。纵向布置时，可以方便地安装满足设计长度的扭杆，以保证悬架具有良好的性能。

（4）气体弹簧　气体弹簧是在一个密闭的容器中充入压缩的气体（气压一般为0.5～1MPa），利用气体的可压缩性实现弹簧的作用的。这种弹簧的刚度是可变的，因为作用在弹簧上的载荷增加时，容器内的定量气体受压缩，气压升高，弹簧的刚度随之增加。反之，当作用在弹簧上的载荷减小时，弹簧内的气压下降，弹簧刚度减小。因此，它具有较理想的弹簧特性。

气体弹簧有空气弹簧（图4-16）和油气弹簧（图4-17）两种。其中，空气弹簧又可分为囊式和膜式两种，油气弹簧有单气室、双气室（带反压气室）以及两级压力式等。

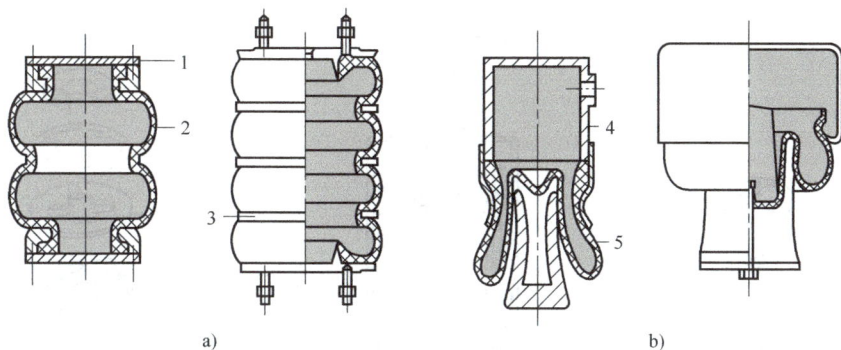

图 4-16 空气弹簧

a) 囊式空气弹簧　b) 膜式空气弹簧

1—盖板　2—气囊　3—腰环　4—金属罩　5—橡胶垫片

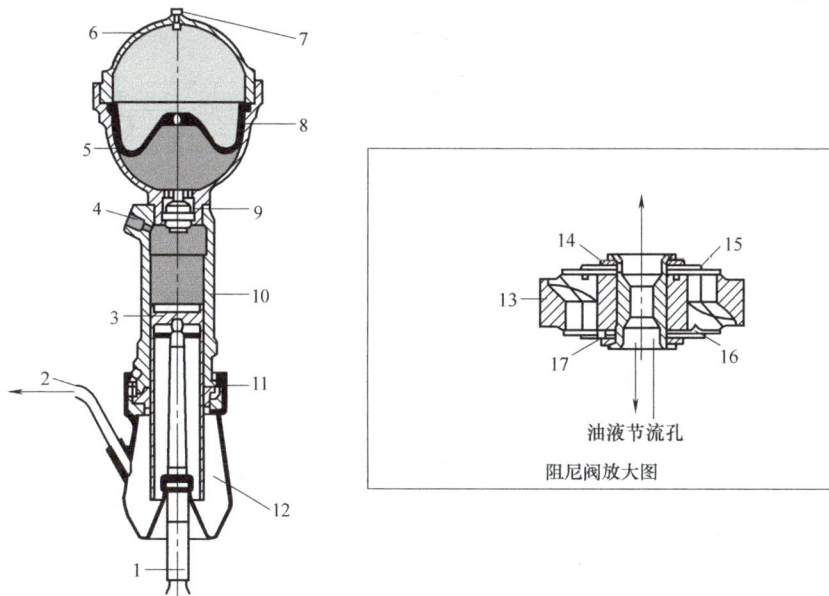

图 4-17 单气室油气分隔式膜式油气弹簧

1—悬架活塞杆　2—油溢流口　3—活塞　4—加油口　5—下半球室　6—上半球室　7—充气螺塞

8—橡胶油气隔膜　9—阻尼阀　10—工作缸　11—密封装置　12—活塞导向套　13—压缩阀限位挡片

14—阀体　15—压缩阀　16—伸张阀　17—伸张限位挡片

2. 减振器

减振器用来衰减车辆弹性系统受到的冲击而产生的振动，加速车架与车身振动的衰减，从而改善汽车的行驶平顺性，很多汽车设有专门的减振器。

减振器可分为：单向作用式减振器和双向作用式减振器两种，如图 4-18 所示，为双向作用筒式减振器。

（1）双作用筒式减振器的工作过程

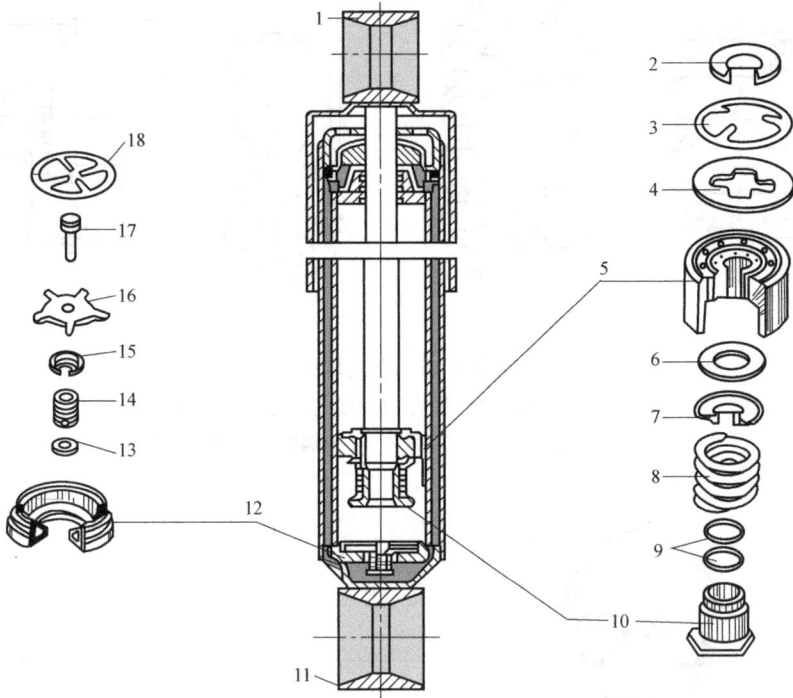

图 4-18　双向作用筒式减振器

1—上吊环　2—流通阀限位座　3—流通阀弹簧片　4—流通阀　5—活塞　6—伸张阀
7—支承座圈　8—伸张阀弹簧　9—调整垫片　10—压紧螺母　11—下吊环　12—支承
座圈　13—压缩阀弹簧座　14—压缩阀弹簧　15—压缩阀　16—补偿阀　17—压缩阀杆
18—补偿阀弹簧片

1）压缩行程。当活塞运动较慢时，仅流通阀和相应常通孔隙参加工作；当车身振动剧烈时，压缩阀也参加工作。

2）伸张行程。当活塞运动较慢时，仅补偿阀和相应常通孔隙参加工作；当车身振动剧烈时，伸张阀也参加工作。

（2）对减振器的要求

1）在悬架压缩行程内，减振器阻尼力应较小，以便充分利用弹性元件的弹性，以缓和冲击。

2）在悬架伸张行程内，减振器的阻尼力应较大，以求迅速减振。

3）当车桥与车架的相对速度过大时，减振器应能自动加大液流通道截面积，使阻尼力始终保持在一定的限度内，以避免承受过大的冲击载荷。

三、悬架的分类

汽车悬架可分为独立悬架和非独立悬架，如图 4-19 所示。

1. 独立悬架

独立悬架中多采用螺旋弹簧和扭杆弹簧作为弹性元件，其结构特点是两侧车轮各自独立地与车架或车身弹性连接，因而具有以下优点。

1）在悬架弹性元件一定的范围内两侧车轮可以独立运动，互不影响，这样在不平路面上行驶时，可减少车架和车身的振动，而且有助于消除转向轮不断偏摆的不良现象。

2）减少汽车的非簧载质量。

3）采用断开式车桥，发动机总成位置便可以降低和前移，使汽车重心下降，提高汽车的操纵稳定性，同时能给予车轮较大的上下运动空间，因而可以将悬架刚度设计得较小，使车身振动频率降低，以改善行驶平顺性。

独立悬架的结构类型很多，主要可按车轮运动形式分成以下4类。

1）横臂式车架：车轮在汽车横向平面内摆动的悬架（图4-20a）。

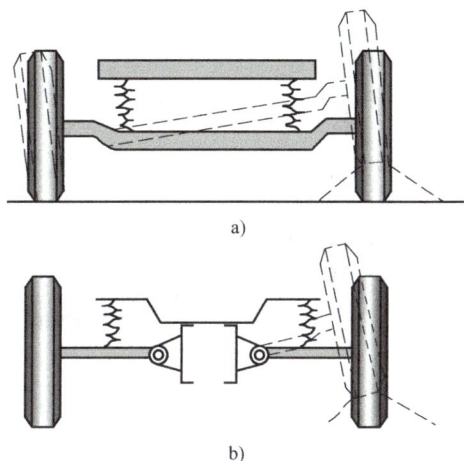

图4-19　悬架结构示意图
a）非独立悬架　b）独立悬架

2）纵臂式悬架：车轮在汽车纵向平面内摆动的悬架（图4-20b）。

3）车轮沿主销移动的悬架，包括烛式悬架（图4-20c）和麦弗逊式悬架（滑柱连杆式）（图4-20d）。

4）单斜臂式悬架：车轮在汽车的斜向平面内摆动的悬架（图4-20e）。

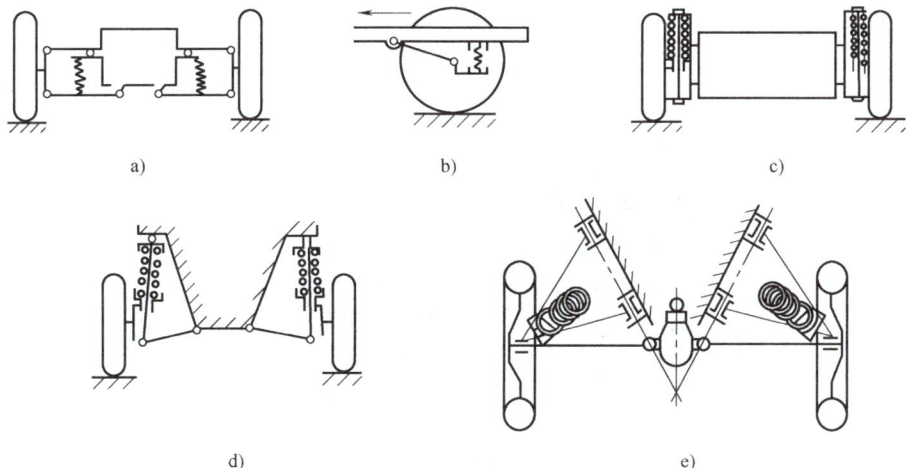

图4-20　独立悬架的结构类型

2. 非独立悬架

非独立悬架的结构特点是两侧车轮安装在一根整体式车轴的两端，车轴则通过弹性元件与车架或车身相连接，当一侧车轮因道路不平而跳动时，将要影响到另一侧车轮的工作。它主要应用于承载负荷较大的客车和货车上，而在轿车上仅用于后桥。常见的几种非独立悬架如图4-21～图4-24所示。

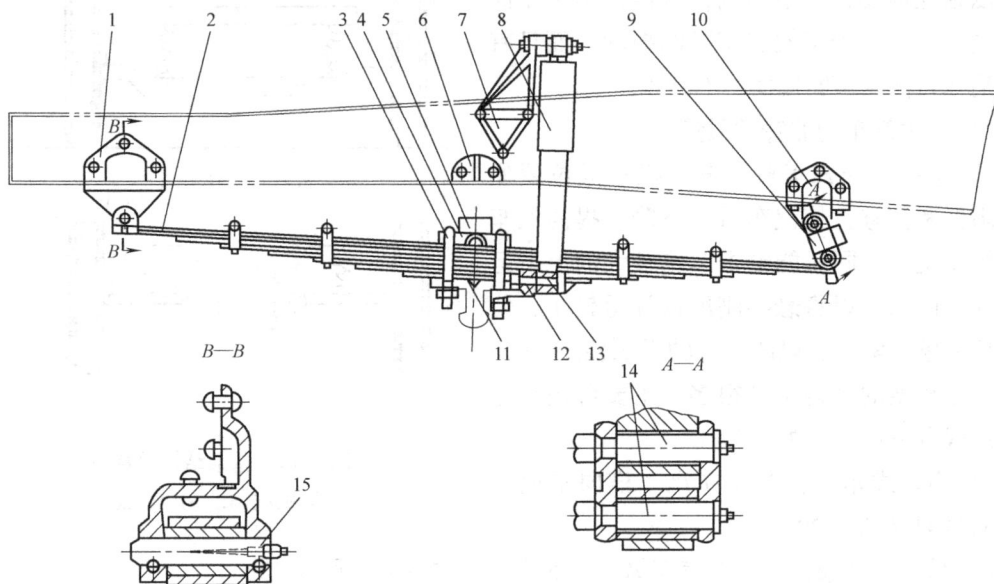

图 4-21 纵置板簧式非独立悬架

1—钢板弹簧前支架 2—前钢板弹簧 3—U 形螺栓 4—前板簧盖板 5—缓冲块 6—限位块 7—减振器
上支架 8—减振器 9—吊耳 10—吊耳支架 11—中心螺栓 12—减振器下支架 13—减振器连接销
14—剪板簧吊耳销 15—钢板弹簧销

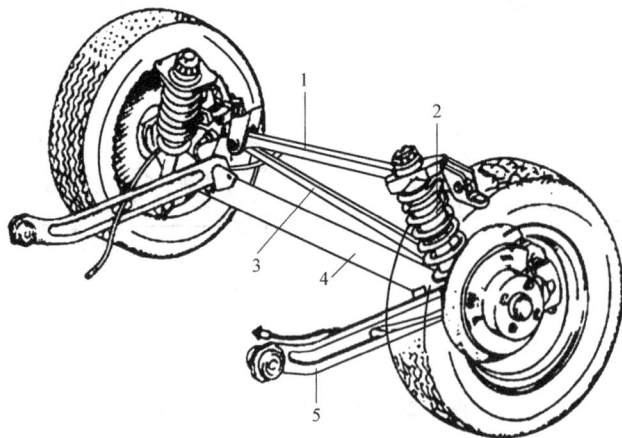

图 4-22 螺旋弹簧非独立悬架

1—加强杆 2—螺旋弹簧和减振器总成 3—横向推力杆
4—后轴 5—纵向推力杆

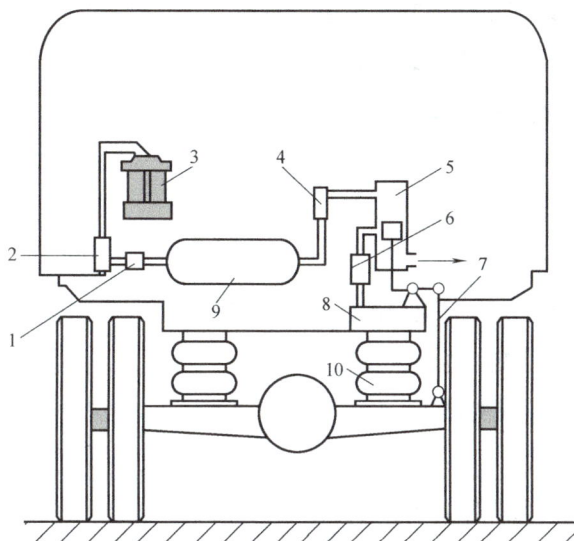

图 4-23 空气弹簧非独立悬架示意图

1—压力调节器 2—油水分离器 3—压气机 4、6—空气滤清器 5—车身高
度控制阀 7—控制杆 8—贮气罐 9—贮气筒 10—空气弹簧

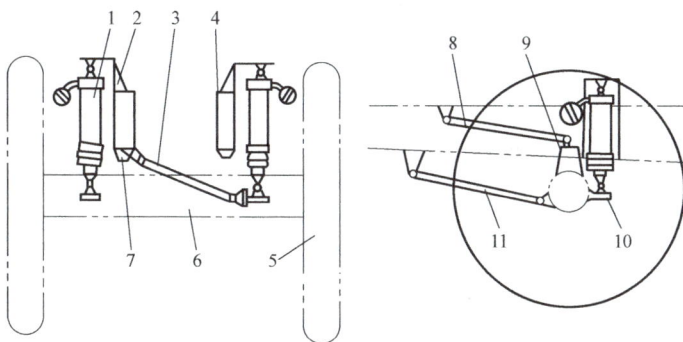

图 4-24 原上海 SH3540 型（32t）自卸汽车的前轮油气悬架示意图

1—油气弹簧 2—支架 3—横向推力杆 4—箱形断面纵梁 5—车轮 6—前桥 7—缓冲块
8—上纵向推力杆 9、10—支架 11—下纵向推力杆

【任务实施】

悬架系统常见故障的维修

一、实施目的

1）了解悬架的构造及功用。

2）掌握悬架系统的故障排除方法。

二、技能训练准备

（1）所需设备　实训用车辆和基本拆装工具等。

（2）安全防护用品　标准作业装、安全鞋和手套等。

三、任务分析及排除的方法和步骤

1. 故障一：前轮跑偏

（1）故障原因

1）前轮胎气压不一致。

2）两前轮轮胎磨损，使其与地面的附着力减小。

3）左右螺旋弹簧损坏或产生永久变形。

4）左右前减振器损坏或变形。

5）前轮定位不正确。

6）横向稳定杆橡胶套损坏或固定螺栓松动。

（2）故障的诊断与排除

具体操作步骤如下：

1）两前轮均充气到正常气压。

2）更换轮胎。

3）更换螺旋弹簧。

4）更换前减振器。

5）重新检查和调整前轮定位。

6）更换橡胶套并重新紧固螺栓。

2. 故障二：减振器失效

（1）故障原因

1）减振器连接销（杆）脱落或橡胶衬套（软垫）磨损破裂。

2）减振器油量不足或有空气。

3）减振器阀门密封不良。

4）减振器活塞与缸筒磨损过量，配合松旷。

（2）故障的诊断与排除

具体操作步骤如下：

1）检查减振器连接销（杆）、橡胶衬套、连接孔及其紧固情况。

2）查看减振器是否有漏油和陈旧性漏油痕迹。

3）用力按保险杠，手放松，如车身能有2～3次的跳跃，说明减振器良好。反之，说明在减振器内部有故障，应拆下减振器进行维修。

【评价与反馈】

班级＿＿＿＿＿＿＿＿ 姓名＿＿＿＿＿＿＿＿ 指导教师＿＿＿＿＿＿＿＿

序号	考核项目	配分	考核内容		配分	考核标准	得分
1	出勤/纪律	5	出勤		2	违规一次不得分	
			行为规范		3	违规一次不得分	
2	安全/防护/环保	20	着装		4	违规一次不得分	
			个人防护		4	违规一次不得分	
			5S/EHS		4	违规一次不得分	
			设备使用安全		4	违规一次不得分	
			操作安全		4	违规一次不得分	
3	知识水平	20	知识测试成绩		20	按测验成绩的20%计	
4	技能考核	40	准备	清点工、量具，清理工位	1	未做不得分	
				清洁对象外观	1	未做不得分	
				检查电源开关	1	未做不得分	
			前轮跑偏	安装各种防护套	1	未做不得分	
				胎压的检测	3	操作不正确扣1~3分	
				弹簧的检测	3	未做不得分	
				定位的检测	3	操作不正确扣1~3分	
			减振器失效	确认故障现象	3	操作不正确扣1~3分	
				故障诊断	3	诊断不正确扣1~3分	
				故障检修	3	检修不正确扣1~3分	
				故障排除	3	排除不正确扣1~3分	
				减振器连接部位的检修	3	检查不正确扣1~3分	
				流量的检测	4	检查不正确扣1~4分	
				密封的检测	4	检查不正确扣1~4分	
				磨损的检测	4	调整不正确扣1~4分	
5	学习能力	10	填写工单，制订工艺计划		4	未做不得分	
			组内活动情况		4	酌情扣1~4分	
			资料查询和收集		2	未做不得分	
6	任务拓展	5	知识拓展任务		2	未做不得分	
			技能拓展任务		3	未做不得分	
7	总分	100					

【教师评估】

序　号	优　点	存在问题	解决方案

教师签字：

任务三　车轮与轮胎的构造与维修

【任务目标】

目标类型	目标要求
认知目标	了解轮胎的功用及分类
技能目标	1. 掌握轮胎的常见拆装维修方法 2. 掌握必要的安全生产注意事项
情感目标	1. 注意机械伤害 2. 养成良好的作业习惯

【任务描述】

　　汽车在行驶中，有时轮胎会出现异常的磨损，并且磨损速度很快；直线行驶时，驾驶人必须紧握转向盘，否则就会出现左行或右行自动转弯的现象，这都说明汽车轮胎发生了偏磨和行驶跑偏的故障。

【任务分析】

　　轮胎发生偏磨和行驶跑偏现象可能是由于主销、外倾角、前束、轮胎外倾角等存在问题，导致轮胎和地面接触所受的力分布不均匀及左右轮的附着力不相等，从而引起上述现象，需要进行相应的维修与更换。

【相关知识】

　　车轮与轮胎有以下功用。

　　1）承载整车的质量。

　　2）缓冲由路面传来的冲击力。

　　3）通过轮胎与地面的附着力来实现驱动和制动。

　　4）在转弯行驶时产生平衡离心力的侧抗力，同时还具有自动回正的作用。

5）提高汽车的通过性。

一、车轮

车轮由轮毂、轮辋及这两元件间的连接部分（轮辐）组成。按轮辐的构造，车轮可分为辐板式车轮（图4-25）和辐条式车轮（图4-26）。

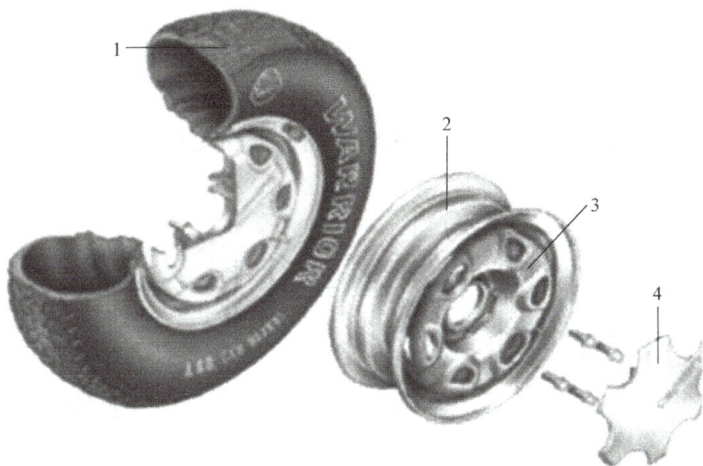

图 4-25　桑塔纳轿车的辐板式车轮

1—轮胎　2—轮辋　3—辐板　4—装饰罩

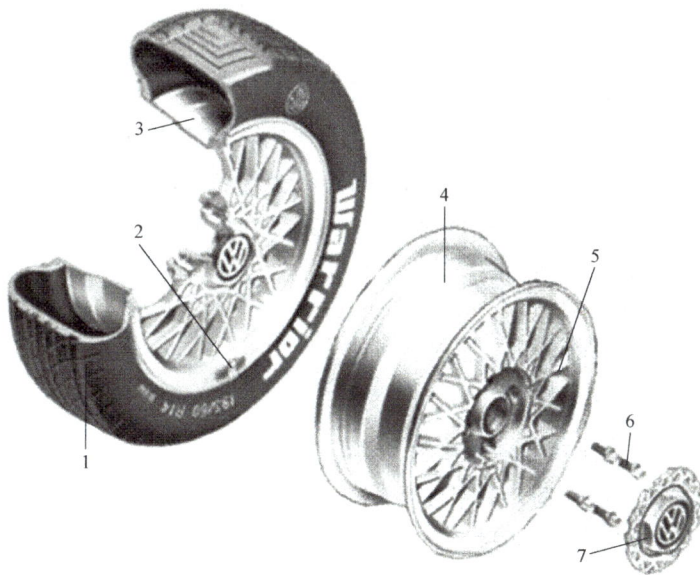

图 4-26　桑塔纳 2000 轿车的辐条式车轮

1—子午线轮胎　2—平衡块及夹子　3—车轮　4—铝合金轮辋
5—铝合金铸造辐条　6—车轮螺栓　7—车轮饰板

1. 轮毂

轮毂与制动鼓、轮盘和半轴凸缘连接，由圆锥滚子轴承支承在转向节轴颈或半轴套管上。

2. 轮辐

辐板式车轮上的轮辐与轮辋通过焊接或铆接固定成一整体，并通过轮辐上的中心孔和周围的螺栓孔安装到轮毂上。

辐条式车轮上的轮辐是钢丝辐条或者是和轮毂铸成一体的铸造辐条。

3. 轮辋

轮辋也称钢圈，按其结构特点可分为深槽轮辋、平底轮辋和对开式轮辋三种，如图4-27所示。

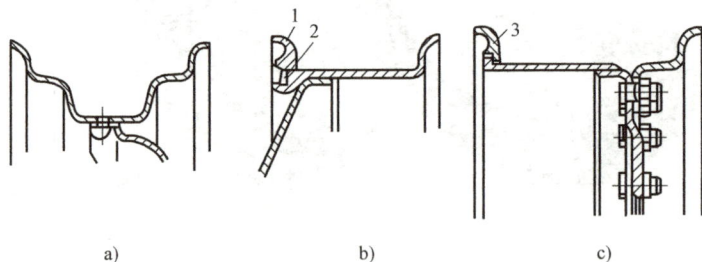

图 4-27　轮辋断面
a）深槽轮辋　b）平底轮辋　c）对开式轮辋
1、3—挡圈　2—锁圈

我国汽车轮辋的规格用轮辋断面宽度（英寸，符号为 in）和轮辋名义直径（英寸）以及轮缘高度代号来表示，直径数字前面的符号表示轮辋结构形式代号，符号"×"表示轮辋为一件式轮辋，符号"—"表示该轮辋为两件以上的多件式轮辋。

例如：东风 EQ1092 型汽车的轮辋为：7.0—20，其具体含义如下。

7.0：表示轮辋断面宽度为 7in；

—：表示多件式轮辋；

20：表示轮辋名义直径为 20in。

二、轮胎

轮胎安装在轮辋上，直接与地面接触，其作用如下：

1）缓冲、减振，保证舒适性和平顺性。

2）提高牵引性、制动性和通过性。

3）承受汽车的重量。

轮胎主要由胎冠、胎肩、胎侧、胎体和胎圈等部分组成。

1. 胎冠

胎冠是指外胎两胎肩夹的中间部位，包括胎面、缓冲层（或带束层）和帘布层等。

1）胎面是指胎冠最外层与路面直接接触带有花纹的外胎胶层，作用是保护胎体，防止其早期磨损和损伤。

2）缓冲层是指斜交轮胎胎面和胎体之间的胶布层，作用是缓和并吸收路面对轮胎的部分冲击。

3）带束层是指在子午线轮胎和带束斜交轮胎的胎面基部下，沿胎面中心线圆周方向箍紧胎体的材料层，作用是增强轮胎的周向刚度和径向刚度，并承受大部分胎面的应力。

4）帘布层是指胎体中由覆胶平行帘线组成的布层，是胎体的骨架，支撑外胎各部分。

2. 胎肩

胎肩是较厚的胎冠与较薄的胎侧间的过渡部分，一般制有花纹，以利散热。

3. 胎侧

胎侧是指胎肩到胎圈之间的胎体侧壁部位上的橡胶层，作用是保护胎体，承受侧压力。

4. 胎体

胎体是由一层或数层帘布与胎圈组成整体的充气轮胎的受力结构。斜交轮胎的胎体帘线彼此交叉排列，子午线的胎体帘线相互平行。

5. 胎圈

胎圈是指轮胎安装在轮辋上的部分，由胎圈芯和胎圈包布等组成，作用是防止轮胎脱离轮辋。

汽车轮胎按胎体结构不同可分为充气轮胎和实心轮胎。

汽车上常用的轮胎一般都是充气轮胎。实心轮胎目前仅用于在沥青混凝土路面的干线道路上行驶的低压汽车或重型挂车上。充气轮胎按结构的不同可分为有内胎和无内胎两种。

有内胎的充气轮胎主要由外胎、内胎和垫带组成。

充气轮胎按胎体中帘线排列的方向不同，还可分为普通斜交轮胎和子午线轮胎。

（1）普通斜交轮胎　帘布层和缓冲层各相邻层帘线交叉，并且与胎面中心线呈小于90°角排列的充气轮胎，常称为斜交轮胎，如图4-28所示。

1）普通斜交轮胎的特点：帘布层和缓冲层各相邻层帘线交叉，且与胎中心呈小于90°角排列。

2）普通斜交轮胎的优点：轮胎噪声小，外胎面柔软，制造容易，价格便宜。

3）普通斜交轮胎的缺点。

① 转向行驶时，接地面积小，胎冠滑移大，抗侧向力能力差，高速行驶时稳定性差。

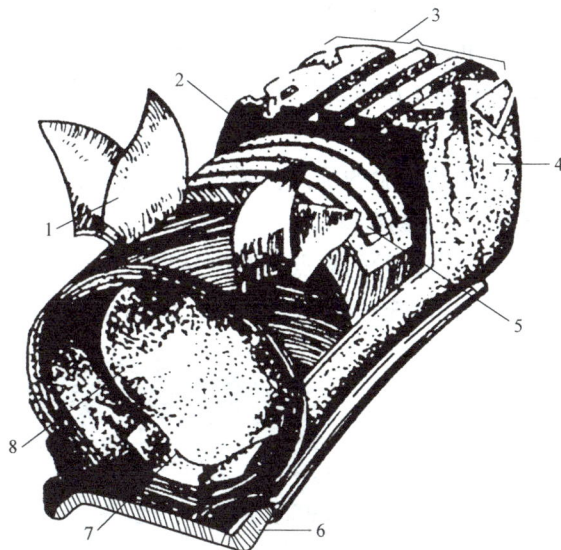

图4-28　有内胎的普通斜交轮胎

1—帘布层　2—胎肩　3—胎冠（胎面）　4—胎侧
5—缓冲层　6—胎圈　7—垫带　8—内胎

② 滚动阻力较大，油耗偏高。

③ 承载能力较差。

（2）子午线轮胎 这种轮胎的胎体帘布层帘线与胎面中心线呈90°或接近90°角排列，帘布层分布如地球的子午线，其结构如图4-29所示。

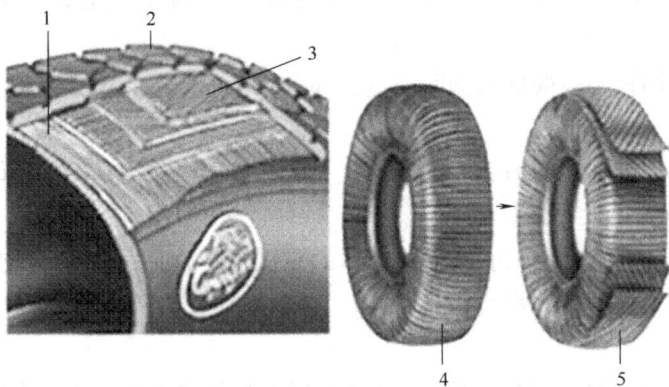

图4-29 子午线轮胎

1、4—帘布层 2—胎面 3、5—带束层

1）子午线轮胎的特点。

① 帘布层数一般比普通斜交胎约可减小40%～50%，胎体较柔软。

② 具有若干层帘线与子午断面呈大角度、高强度、不易拉伸的周向环形的类似缓冲层的带束层。

2）子午线轮胎的优点：弹性大，耐磨性好，滚动阻力小，附着性能好，缓冲性能好，承载能力大，不易刺穿。

3）子午线轮胎的缺点：胎侧易裂口，制造技术要求高，成本高。

（3）无内胎充气轮胎 如图4-30所示为无内胎充气轮胎。

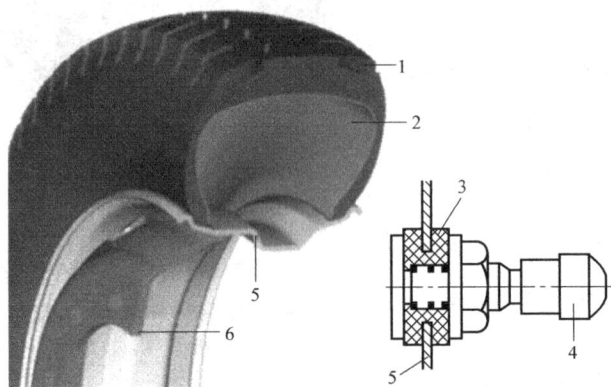

图4-30 无内胎充气轮胎

1—轮胎 2—气密层 3—橡胶密封衬垫 4—气门嘴 5—轮辋 6—轮辐

1）无内胎充气轮胎的优点。

① 轮胎穿孔时，压力不会急剧下降，能安全断续行驶。

② 不存在因内外胎之间摩擦和卡住而引起的损坏。

③ 气密性好，可直接通过轮毂散热，故工作温度低、使用寿命长。

④ 结构简单，质量较小。

2）无内胎充气轮胎的缺点：中途修理较为困难。

3）无内胎充气轮胎的规格表示方法。

① 高压胎：$B \times D$；

B——轮胎的名义断面宽度，单位为 in；

D——轮辋名义直径，单位为 in；

×——高胎压。

② 低压胎：$B\text{-}d$；

B ——轮胎的名义断面宽度，单位为 in；d ——轮辋名义直径，单位为 in；"—"表示低压胎。

③ 子午线胎：BRd；

B——轮胎名义断面宽度，单位为 in；R——子午线胎代号；d——轮辋名义直径，单位为 in。

例如：普通桑塔纳轿车装用的子午线轮胎，其规格如图 4-31 所示。

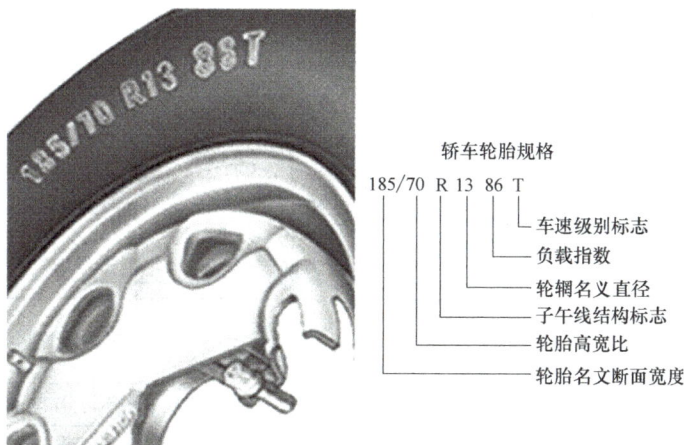

图 4-31　轿车轮胎规格标记表示法

【任务实施】

轮 胎 拆 装

一、实施目的

1）了解轮胎的总体构造及分类。

2）掌握轮胎的拆装方法。

二、准备工作

（1）所需设备 实训用车辆，深度尺，百分表，磁力表座，钢直尺，吹尘枪等其他拆装工具。

（2）工具和材料 维修手册，前格栅布，翼子板防护套，环保三件套，干净的抹布和车轮挡块等。

（3）安全防护用品 标准作业装、安全鞋和手套等。

三、实施步骤

1. 轮胎的拆卸方法及步骤

（1）拧松车轮螺母 大约拧松一圈。

（2）升起汽车

1）将起重机放到升起点。

2）升起轮胎，使轮胎离地约 5 ~ 6cm。

3）用垫木塞住轮胎。

（3）拆下轮胎

1）拧下车轮与轮毂的全部联接螺母，取下垫圈，并摆放整齐。

2）用两手抓住车轮将其水平拉出。

2. 轮胎的安装

（1）往轮毂上安装车轮

1）将轮胎安装到轮毂上。

2）拧紧螺母，直到锥形部分装配可靠。

（2）落下起重机 降下起重机，使轮胎着地。

（3）拧紧螺栓

【评价与反馈】

班级_____ 姓名_____ 指导教师_____

序号	考核项目	配分	考核内容	配分	考核标准	得分
1	出勤/纪律	5	出勤	2	违规一次不得分	
			行为规范	3	违规一次不得分	
2	安全/防护/环保	20	着装	4	违规一次不得分	
			个人防护	4	违规一次不得分	
			5S/EHS	4	违规一次不得分	
			设备使用安全	4	违规一次不得分	
			操作安全	4	违规一次不得分	
3	知识水平	20	知识测试成绩	20	按测验成绩的20%计	

（续）

序号	考核项目	配分	考核内容		配分	考核标准	得分
4	技能考核	40	准备	清点工、量具，清理工位	1	未做不得分	
				清洁对象外观	1	未做不得分	
				检查电源开关	1	未做不得分	
			车轮的拆卸	安装各种防护套	2	未做不得分	
				扭力扳手的正确使用	5	操作不正确扣1~5分	
				举升机的安全使用	5	操作不正确扣1~5分	
				按顺序拆卸	5	操作不正确扣1~5分	
			车轮的安装	车轮的正确安装	5	操作不正确扣1~5分	
				举升机的安全使用	5	诊断不正确扣1~5分	
				扭力扳手的正确使用	5	检修不正确扣1~5分	
				扭力值的确定	5	排除不正确扣1~5分	
5	学习能力	10	填写工单，制订工艺计划		4	未做不得分	
			组内活动情况		4	酌情扣1~4分	
			资料查询和收集		2	未做不得分	
6	任务拓展	5	知识拓展任务		2	未做不得分	
			技能拓展任务		3	未做不得分	
7	总分	100					

【教师评估】

序　号	优　点	存在问题	解决方案

教师签字：

项目五

转向系统的构造与维修

5

任务一 机械式转向系统的构造与维修

【任务目标】

目标类型	目标要求
认知目标	1. 了解机械式转向系统的结构 2. 了解机械式转向系统的工作原理
技能目标	1. 熟悉机械式转向系统的结构 2. 查询维修资料，对机械式转向系统进行检测和维修
情感目标	1. 注意机械伤害 2. 养成良好的作业习惯

【任务描述】

汽车行驶中，向左、右转动转向盘时，驾驶人感到沉重费力，无回正感；汽车低速转弯行驶和掉头时，转动转向盘感到非常沉重，甚至无法转动。

【任务分析】

机械式转向系统转向沉重的主要原因是转向轮气压不足或定位不准，转向系统传动机构中出现配合过紧或卡滞而引起摩擦阻力增大。

【相关知识】

转向系统分为机械式转向系统和动力转向系统两大类。机械式转向系统由转向操纵机构、转向器和转向传动机构三部分组成。汽车转向时，驾驶人作用于转向盘上的力，经过转向轴（转向柱）传到转向器，转向器将转向力放大后，又通过转向传动机构的传递，推动转向轮偏转，使汽车行驶方向发生改变，如图 5-1 所示。

图 5-1　机械式转向系统的组成

1—转向盘　2—安全转向轴　3—转向节　4—转向轮　5—转向节臂
6—转向横拉杆　7—转向减振器　8—机械转向器

一、转向器

转向器的作用是增大由转向盘传到转向节的力并改变力的传递方向，获得所要求的摆动速度和角度。

转向器按结构形式可分为蜗杆指销式、循环球式和齿轮齿条式三种；按其作用力的传递情况，又可分为可逆式、不可逆式和极限式三种。

1. 蜗杆指销式转向器

（1）组成　汽车采用的蜗杆曲柄指销式转向器通常由壳体、蜗杆、曲柄、指销、转向摇臂轴、上盖、下盖、调整螺塞及螺钉等组成，如图 5-2 所示。

（2）工作过程　汽车转向时，通过转向盘和转向轴使蜗杆转动，嵌于螺杆螺旋槽的锥形指销一边自转，一边绕转向摇臂轴摆动，并通过转向传动机构，使汽车转向轮偏转，实现汽车转向。

2. 循环球式转向器

（1）组成　循环球式转向器由两套传动副组成，一套是螺杆螺母传动副，一套是齿条齿扇传动副或滑块曲柄销传动副，如图 5-3 所示。

（2）工作过程　当转动转向盘时，转向螺杆也随之转动，通过钢球将作用力传给螺母，螺母即产生轴向移动，同时由于摩擦力的作用，所有钢球在螺杆与螺母之间滚动，形成"球流"。钢球在螺母内绕行两周后，流出螺母进入导管，再由导管流回螺母，随着螺母沿螺杆作轴向移动，其齿条带动齿扇运动，齿扇带动垂臂轴转动，从而使转向垂臂产生摆动，通过转向传动机构使转向轮偏转，完成汽车转向。

135

图 5-2　蜗杆曲柄指销式转向器

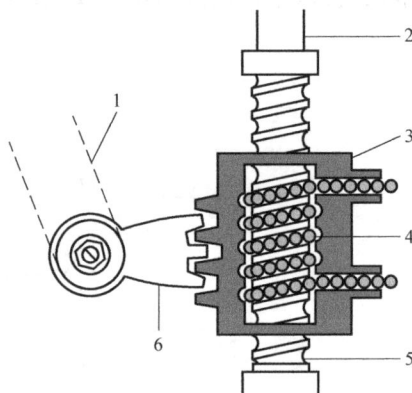

图 5-3　循环球式转向器

1—驱动转向摇臂　2—转向轴　3—球状螺母架
4—循环球式转向系统　5—蜗杆　6—扇形齿轮

3. 齿轮齿条式转向器

齿轮齿条式转向器具有结构简单、轻巧，传力杆件少，维修方便，操纵灵敏等优点，目前广泛应用于采用前轮独立悬架的轻型、微型汽车和中、高级轿车上，如上海大众桑塔纳、一汽奥迪、天津 TJ7100 等车型。

齿轮齿条式转向器分为两端输出式和中间（或单端）输出式两种。两端输出的齿轮齿条式转向器如图 5-4 所示，作为传动副主动件的转向齿轮轴 11 通过轴承 12 和 13 安装在转向器壳体 5 中，其上端通过花键与万向节 10 和转向轴相联接。与转向齿轮啮合的转向齿条 4 水平布置，两端通过球头座 3 与转向横拉杆 1 相连。压紧弹簧 7 通过压块 9 将齿条压在齿轮上，保证无间隙啮合。

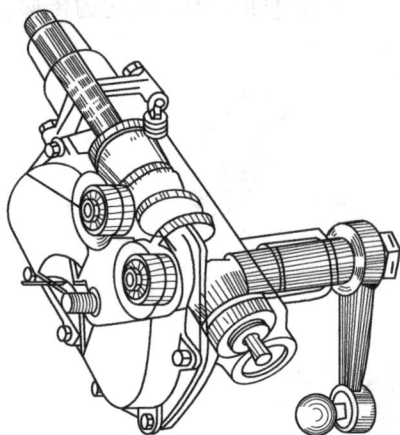

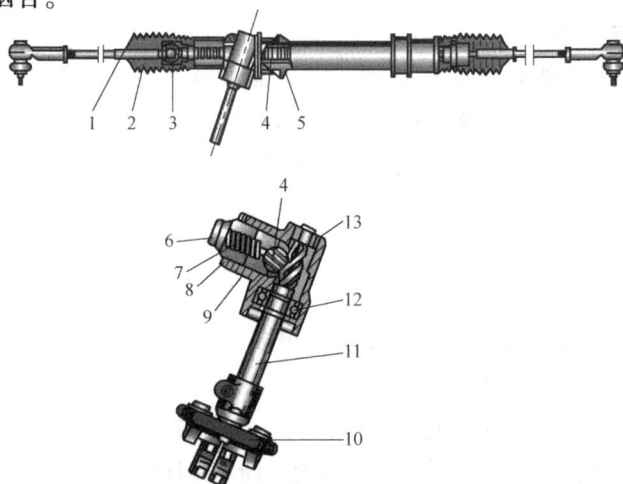

图 5-4　两端输出的齿轮齿条式转向器

1—转向横拉杆　2—防尘套　3—球头座　4—转向齿条　5—转向器壳体　6—调整螺塞　7—压紧弹簧
8—锁紧螺母　9—压块　10—万向节　11—转向齿轮轴　12—深沟球轴承　13—滚针轴承

弹簧的预紧力可用调整螺塞 6 调整。当转动转向盘时，转向齿轮轴 11 转动，使与之啮合的齿条 4 沿轴向移动，从而使左右横拉杆带动转向节左右转动，使转向车轮偏转，从而实现汽车转向。

中间输出的齿轮齿条式转向器如图 5-5 所示，其结构及工作原理与两端输出的齿轮齿条式转向器基本相同，不同之处在于其在转向齿条的中部用固定螺栓 6 与左右转向横拉杆 7 相连。在单端输出的齿轮齿条式转向器上，齿条的一端通过内外托架与转向横拉杆相连。

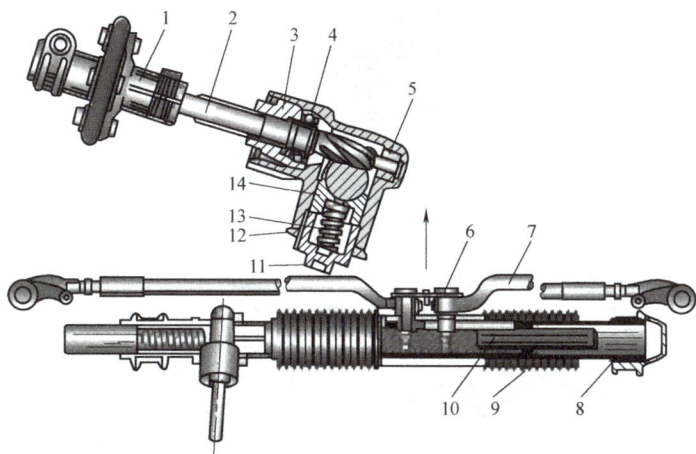

图 5-5　中间输出的齿轮齿条式转向器

1—万向节　2—转向齿轮轴　3—调整螺母　4—深沟球轴承　5—滚针轴承　6—固定螺栓
7—转向横拉杆　8—转向器壳体　9—防尘套　10—转向齿条　11—调整螺塞　12—锁紧螺母
13—压紧弹簧　14—压块

二、转向操纵机构

1. 转向操纵机构的组成

转向盘到转向器之间的所有零部件总称为转向操纵机构，其组成如图 5-6 所示。

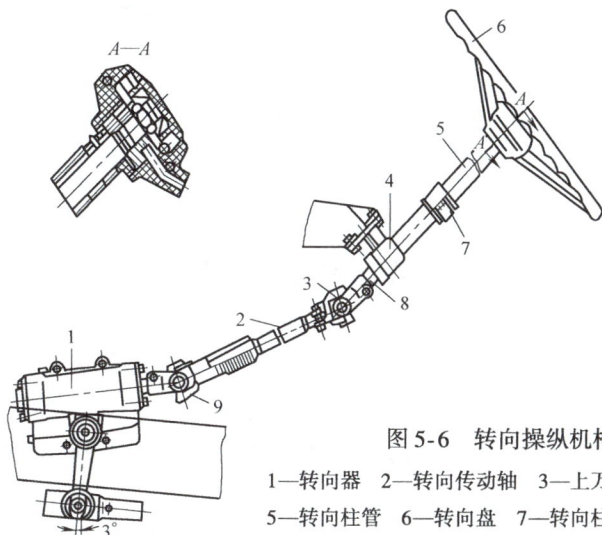

图 5-6　转向操纵机构的组成

1—转向器　2—转向传动轴　3—上万向节　4—转向柱管支架
5—转向柱管　6—转向盘　7—转向柱管支座　8—转向轴限位
弹簧　9—下万向节

2. 转向操纵机构的部件及安全装置

（1）转向盘 转向盘由轮圈、轮辐和轮毂组成，如图5-7所示。转向盘轮毂的细牙内花键与转向轴连接，转向盘上都装有喇叭按钮，有些轿车的转向盘上还装有车速控制开关和安全气囊。

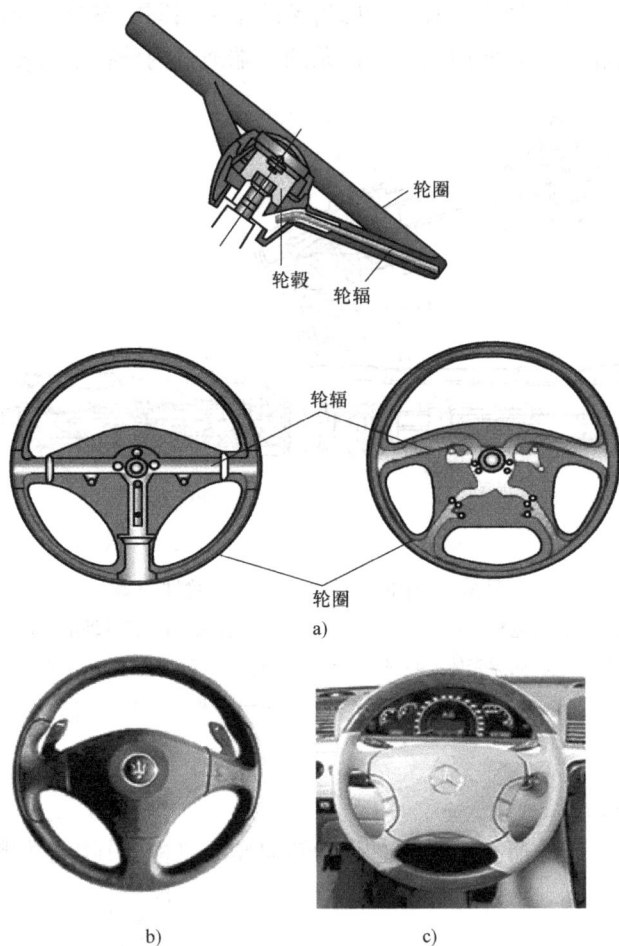

轮圈

轮毂 轮辐

轮辐

轮圈

a)

b)   c)

图5-7 转向盘

a）转向盘的构造 b）三辐转向盘 c）四辐转向盘

（2）转向轴、转向柱管及其吸能装置 转向轴是连接转向盘和转向器的传动件，转向柱管固定在车身上，转向轴从转向柱管中穿过，支承在柱管内的轴承和衬套上，如图5-8所示为桑塔纳轿车转向盘与转向轴。

轿车除要求装有吸能式转向盘外，还要求转向柱管必须装备能够缓和冲击的吸能装置。转向轴和转向柱管吸能装置的基本工作原理是：当转向轴受到巨大冲击而产生轴向位移时，通过转向柱管或支架产生塑性变形，转向轴产生错位等方式，吸收冲击能量。

1）转向轴错位和支架变形缓冲。

马自达6轿车转向柱管吸能装置（图5-9）的工作原理是：发生碰撞时，转向器向后移动，下转向传动轴插入上转向传动轴的孔中，上转向传动轴被压扁，吸收了冲击能量。此外，转向柱管通过支架和 U 形金属板固定在仪表板上。当驾驶人身体撞击转向盘后，转向管柱和支架将从仪表板上脱离下来向前移动。这时，一端固定在仪表板上而另一端固定在支架上的 U 形金属板就会产生扭曲变形，并吸收冲击能量。

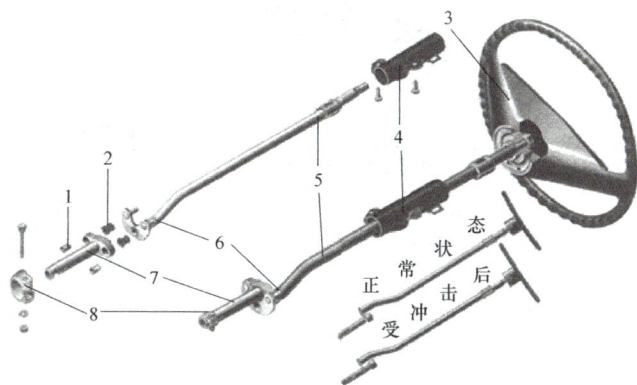

图 5-8　桑塔纳轿车转向盘与转向轴

1—塑料衬套　2—减振橡胶套　3—转向盘组件　4—转向管柱

5—上转向轴　6—柱销　7—下转向轴　8—夹子

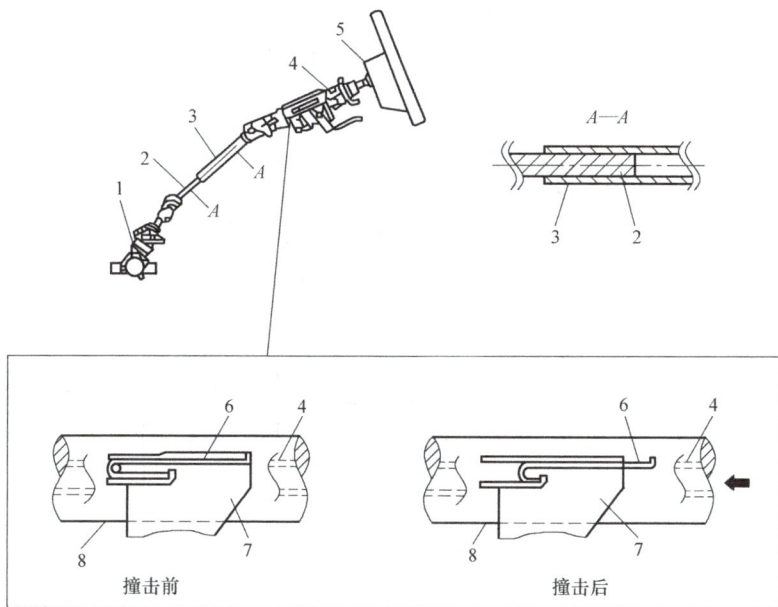

图 5-9　马自达 6 轿车转向柱管吸能装置

1—转向器　2—下转向传动轴　3—上转向传动轴　4—转向轴

5—转向盘　6—U 形板　7—支架　8—转向柱管

2）转向柱管变形吸收冲击能量并缓冲。如果汽车上装用了网格状或波纹管式转向柱管吸能装置，当发生猛烈撞车导致人体冲撞转向盘时，网格部分或波纹管部分将被压缩产生塑性变形，吸收冲击能量，其结构如图 5-10 所示。

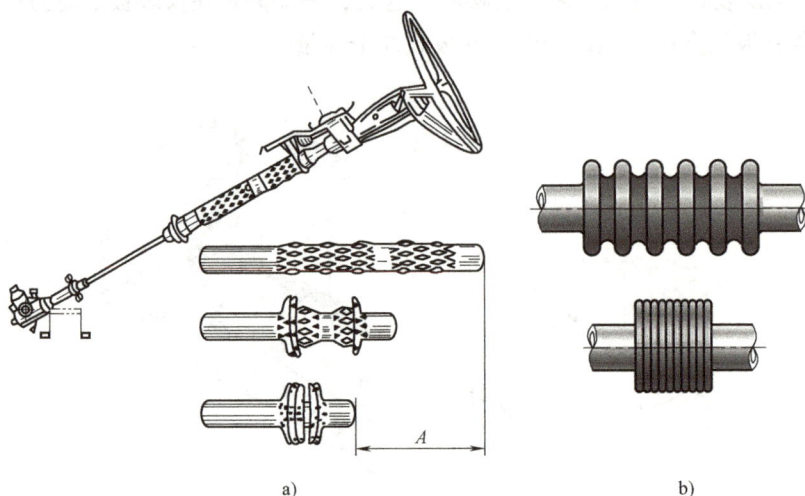

图 5-10 网状管柱和波纹管吸能式转向操纵机构示意图
a）网格状转向柱管 b）波纹管式转向柱管

三、转向传动机构

从转向器到转向轮之间的所有传动杆件总称为转向传动机构。

转向传动机构的功用是将转向器输出的力和运动传到转向桥两侧的转向节，使转向轮偏转，并使两转向轮偏转角按一定关系变化，以保证汽车转向时车轮与地面的相对滑动尽可能小。

1. 与非独立悬架配用的转向传动机构

与非独立悬架配用的转向传动机构由转向摇臂、转向直拉杆、转向节臂和转向梯形等零部件共同组成，其中转向梯形由梯形臂、转向横拉杆和前梁共同构成，如图 5-11 所示。

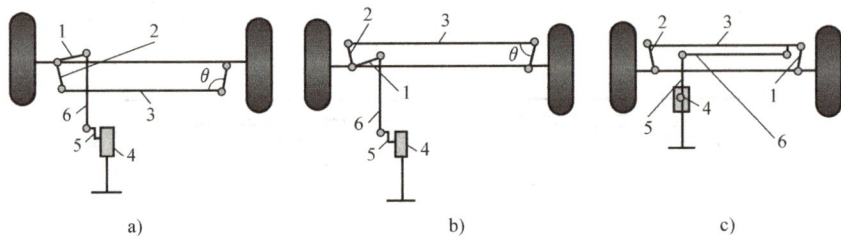

图 5-11 与非独立悬架配用的转向传动机构示意图
1—转向节臂 2—梯形臂 3—转向横拉杆 4—转向器 5—转向摇臂 6—转向直拉杆

（1）转向摇臂 循环球式转向器和蜗杆曲柄指销式转向器通过转向摇臂与转向直拉杆相连。转向摇臂的大端用锥形三角形花键与转向器中摇臂轴的外端联接，小端通过球头销与转向直拉杆作空间铰链联接，如图 5-12 所示。

（2）转向直拉杆 转向直拉杆是转向摇臂与转向节臂之间的传动杆件，具有传力和缓冲作用。在转向轮偏转且因悬架弹性变形而相对于车架跳动时，转向直拉杆与转向摇臂及转向节臂的相对运动都是空间运动。为了不发生运动干涉，三者之间的连接件都是球形铰链，如图5-13所示。

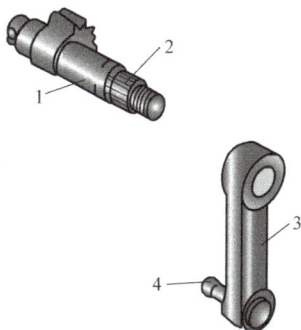

图5-12 转向摇臂

1—摇臂轴 2—带锥度的三角形齿形花键 3—转向摇臂 4—球头销

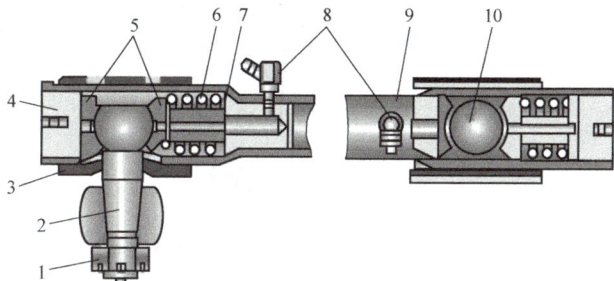

图5-13 转向直拉杆

1—螺母 2—球头销 3—橡胶防尘垫 4—螺塞 5—球头座 6—压缩弹簧 7—弹簧座 8—油嘴 9—直拉杆体 10—转向摇臂球头销

（3）转向横拉杆 转向横拉杆是转向梯形机构的底边，由横拉杆体和旋装在两端的横拉杆接头组成，如图5-14和图5-15所示。其特点是长度可调，通过调整横拉杆的长度，可以调整前轮前束。

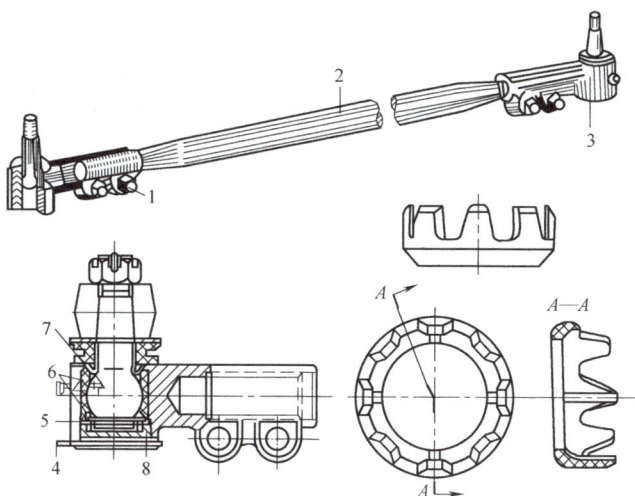

图5-14 转向横拉杆

1—夹紧螺栓 2—横拉杆体 3—横拉杆接头 4—限位销 5—弹簧 6—球头座 7—球头销 8—螺塞

2. 与独立悬架配用的转向传动机构

当转向轮采用独立悬架时，为了满足转向轮独立运动的需要，转向桥是断开式的，转向传动机构中的转向梯形也必须断开。

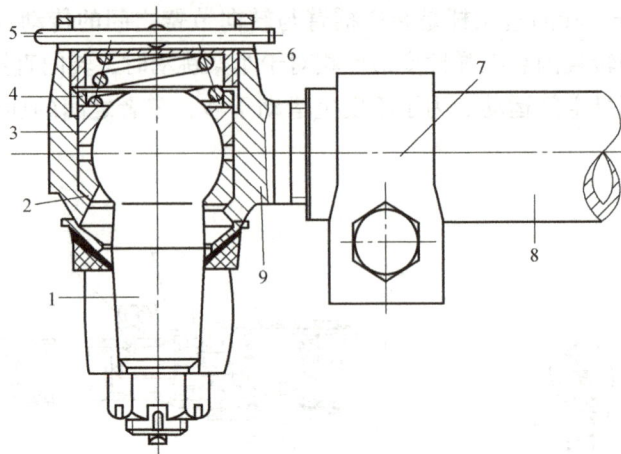

图 5-15 转向横拉杆接头

1—球头销 2—下球头座 3—上球头座 4—限位套 5—开口销
6—螺塞 7—卡箍 8—横拉杆体 9—左接头

与独立悬架配用的多数是齿轮齿条式转向器，转向器布置在车身上，转向横拉杆通过球头销与齿条及转向节臂相连。

当采用循环球式转向器时，转向传动机构的杆件较多，如图 5-16 所示。

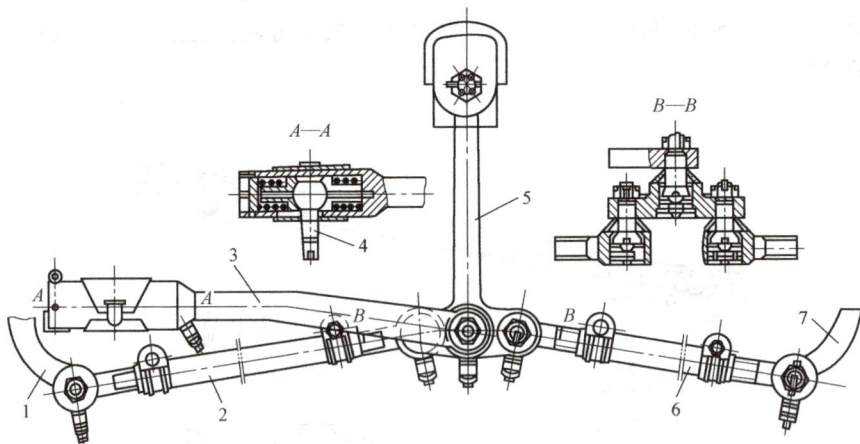

图 5-16 循环球式转向器对应的转向传动机构

1—左梯形臂 2—左转向横拉杆 3—转向直拉杆 4—转向摇臂球头销 5—摇杆
6—右转向横拉杆 7—右梯形臂

【任务实施】

机械式转向系统的拆装与维修

一、实施目的

机械式转向系统的结构认识、拆装与故障诊断

二、技能训练准备

（1）所需设备　东风货车蜗杆曲柄指销式转向器一个、东风货车循环球式转向器一个、东风货车一辆和东风货车转向传动机构一套。

（2）工具和材料　百分表、塞尺、游标卡尺、扭力扳手、扳手、螺钉旋具、润滑油、棉丝和汽车维修手册等。

（3）安全防护用品　标准作业装、安全鞋和线手套等

（4）汽车信息收集

车牌号码：_____；车辆型号：_____；

VIN 码：_____；行驶里程：_____；

维修接待：_____。

三、技术规范与注意事项

1）所有零件应洗净、吹干，禁止使用汽油清洗橡胶密封件。

2）所有零件应清洁、润滑。

3）用专用工具装拆，禁止用锤子猛烈敲击转向零件。

4）装配滚针轴承时，要在轴承内表面涂一层润滑脂。装配转向轴衬套时，也要在内表面涂润滑脂。

5）转向器壳体里的摇臂轴衬套有两个，要同时更换。

四、实施步骤及方法

1. 实训内容

1）转向传动装置的检查。

2）横拉杆和直拉杆的检修。

3）蜗杆曲柄指销式转向器的拆装。

4）循环球式转向器的装配与调整。

5）检查与调整东风货车汽车转向盘自由行程。

2. 操作步骤

（1）转向传动装置的检查

1）采用带有两个十字轴万向节的转向传动装置，一个万向节与转向器蜗杆轴相连接，另外一个万向节在转向柱管与转向传动轴之间连接着，如图 5-17 所示。

2）滚针轴承的滚针断裂、表面剥落或数量不全（应为 25 根），应更换轴承。

3）滚针轴承的径向间隙超过 0.25mm，或转动不灵活、发卡，应更换轴承。轴承的密封件失效，也要更换轴承。

4）十字轴有裂纹、严重偏磨、压痕、剥落，应更换十字轴。若有轻微剥落，用细油石打磨后可继续使用。

5）万向节滑动叉不得有裂纹，花键槽磨损严重、槽宽超过 3.15mm，应更换。

6）如图 5-18 所示，用手检查万向节在十字轴 1 的两个方向的径向间隙，若发现有间隙时，应更换万向节轴承 3。

7）拆卸万向节时，先将轴承 3 拆下，再拆下十字轴 1（拆前做好万向节 2 与传动轴 4

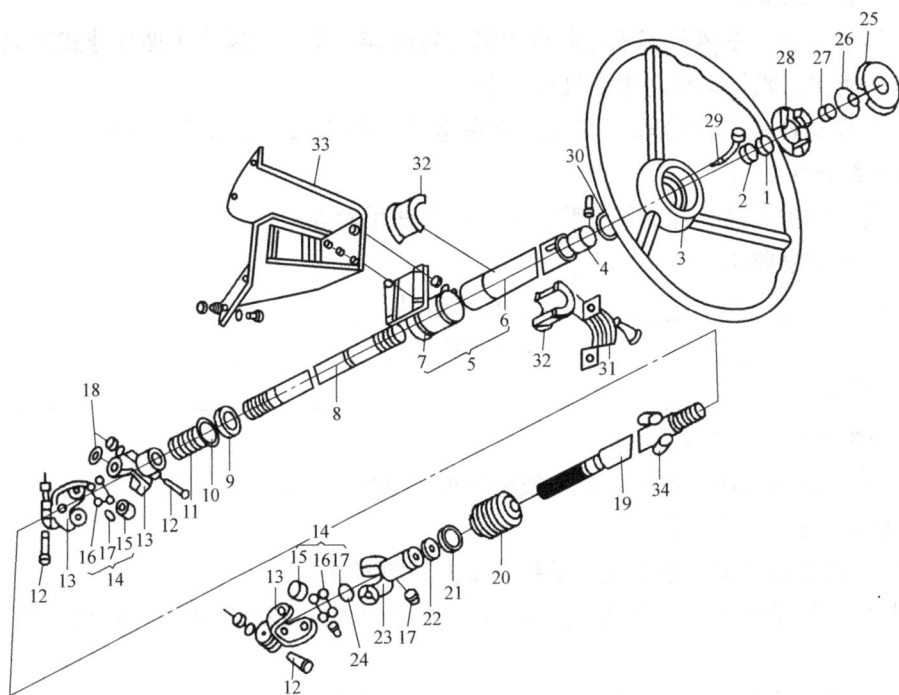

图 5-17　货车转向机构

1—扁螺母　2—垫圈　3—转向盘　4—转向轴衬套　5—转向管立柱总成　6—转向柱管　7—柱管支座　8—转向轴　9—轴承　10—挡圈　11—限位弹簧　12—螺栓　13—万向节叉　14—十字轴总成　15—滚针轴承　16—十字轴　17—滑脂嘴　18—挡圈　19—转向传动轴　20—花键护套　21—防尘罩　22—滑动叉油封　23—滑动叉　24—塞片　25—电喇叭按钮盖　26—喇叭接铁罩　27—搭铁弹簧　28—接触板总成　29—电刷总成　30—集电环　31—柱管支架　32—橡胶垫　33—转向传动装置支架总成　34—密封套

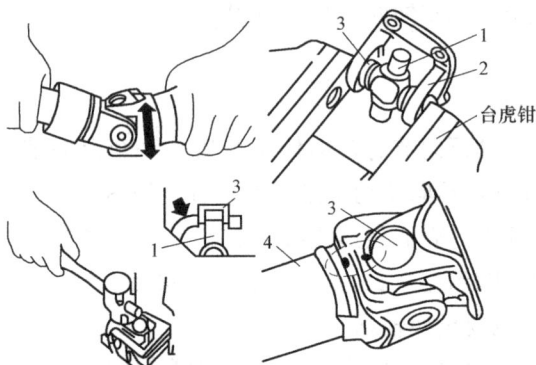

图 5-18　转向传动轴万向节的检查

1—十字轴　2—万向节　3—轴承　4—转向传动轴

的对正标记）。

8）装配时，应先将万向节 2 与传动轴 4 的对正标记对准，先装上十字轴 1，然后用台虎钳压入轴承 3。

9）转向轴和转向传动轴不得有裂纹或扭曲变形。花键严重磨损、键宽小于 2.85mm，应更换传动轴。

10）装配转向传动轴总成的注意事项。

① 十字轴上的润滑脂嘴装配方向如图 5-19 所示。

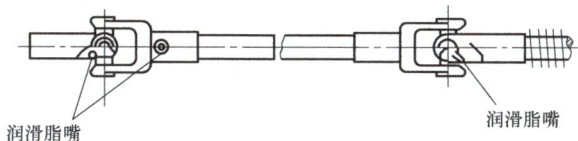

润滑脂嘴　　　　　　　　　　　　润滑脂嘴

图 5-19　润滑脂嘴的装配方向

② 弹性挡圈应安装到卡槽里，装配后组合件转动应灵活。

③ 3 个万向节叉固定螺栓的拧紧力矩为 29～59N·m。

（2）横拉杆和直拉杆的检修

1）横拉杆和直拉杆的结构如图 5-20 和图 5-21 所示。

2）横拉杆和直拉杆球头销的磨损极限为 0.50mm，超过限度应更换。

3）横拉杆和直拉杆不得有裂纹和其他损伤，横拉杆的弯曲度不应大于 2mm，各球销锥颈小端不得露出节臂锥孔上端面（但最大不应低于 2mm），并检查调整螺栓的螺纹有无乱牙现象。

4）直拉杆球头销的调整：将螺塞 4 拧到底（图 5-20），然后返回 1/4 圈，并对准开口销孔，穿入开口销锁止螺塞。

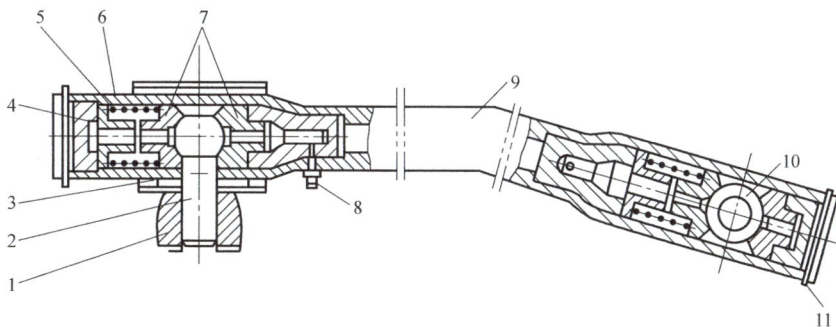

图 5-20　东风 EQ1090 汽车直拉杆

1—转向摇臂　2—球头销　3—油封垫　4—螺塞　5—弹簧　6—弹簧座　7—球头销座
8—油嘴　9—直拉杆　10—转向球头销　11—开口销锁止螺栓

5）横拉杆球头销的调整：将螺塞拧到底，再返回 1/4～1/2 圈，并对准开口销孔，装上开口销锁止螺塞。

6）如图 5-22 所示，检查转向横拉杆内、外球接头（球头销）的转动力矩和摆动力，用弹簧秤 3 检查内、外球头销 2 和 1 的摆动力分别应为 5.9～51N 和 6.9～64.7N。用扭力扳手 4 检查转向横拉杆外球头销 1 的轴向间隙应为 0，转动力矩应为 0.3～4.0N·m。若达不到要求，则应更换球头销。

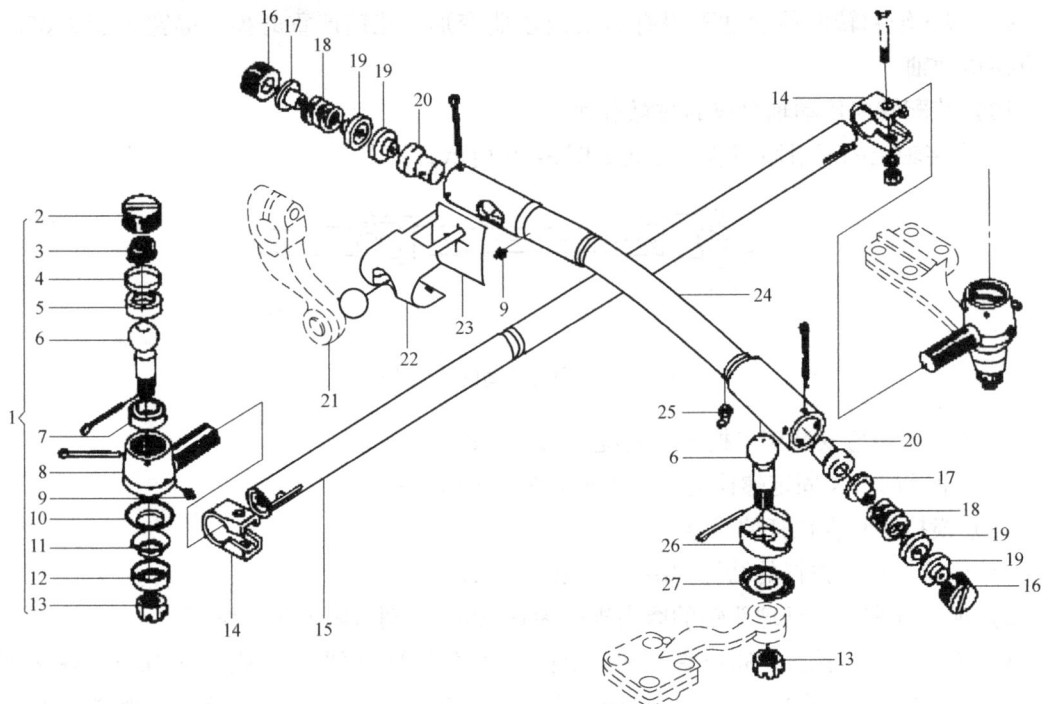

图 5-21　东风货车横拉杆和直拉杆

1—横拉杆左（右）接头总成　2—螺塞　3—圆锥弹簧　4—限位套　5—上球碗　6—球头销　7—下球碗　8—横拉杆左（右）接头　9—滑脂嘴　10—上防尘罩　11—下防尘罩　12—密封圈　13—螺母　14—卡箍　15—横拉杆　16—横拉杆螺塞　17—弹簧座　18—弹簧　19—球头碗　20—止推垫块　21—转向垂壁带球头销总成　22—护套　23—油封垫　24—直拉杆　25—滑脂嘴　26—防尘罩　27—防尘罩盖

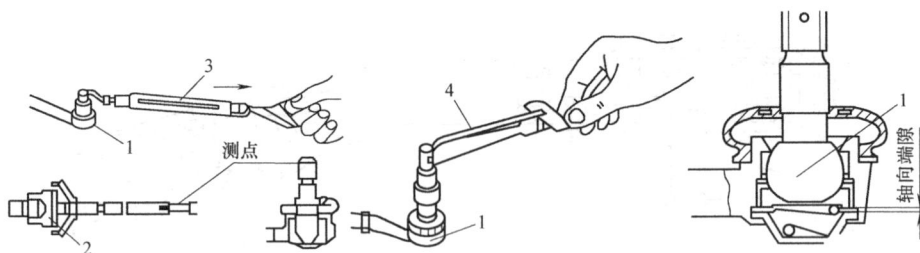

图 5-22　转向横拉杆球头销的检查

1—外球头销　2—内球头销　3—弹簧秤　4—扭力扳手

7）检查连接支架、连接件和减振器支架有无断裂和变形现象，检查转向横拉杆内衬套是否损坏和老化。

（3）蜗杆曲柄指销式转向器的拆装

如图 5-23 所示为东风汽车蜗杆曲柄指销式转向器。

1）清洁外部，放尽润滑油。

2）松开摇臂轴调整螺钉的调整螺母，把调整螺钉逆时针旋转一周。

3）用两个 M14 的螺母并在一起拧入转向器侧盖上的双头螺柱，然后用扳手逆时针拧动压在下面的螺母，拆下双头螺柱，再卸下侧盖上的其余六个螺栓，取下侧盖和衬垫，拔出摇

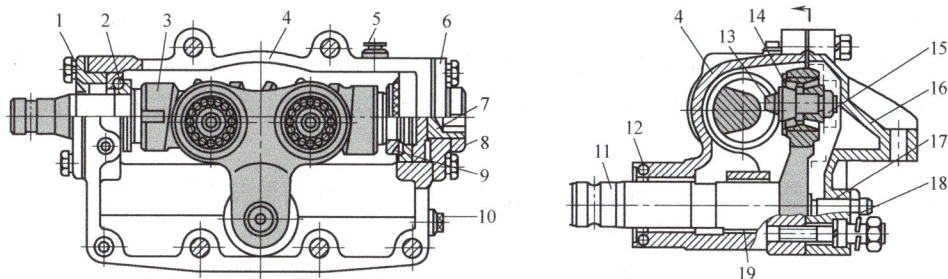

图 5-23　东风汽车蜗杆曲柄指销式转向器

1—上盖　2—向心推力轴承1　3—转向蜗杆　4—转向器壳体　5—加油螺塞　6—下盖　7—调整螺塞
8、15、18—螺母　9—向心推力轴承2　10—放油螺塞　11—摇臂轴　12—油封　13—指销　14—双
排圆锥滚子轴承　16—侧盖　17—调整螺钉　19—衬套

臂轴。

4）拆卸转向器壳体下盖固定螺栓，取下壳体下盖，用铜棒轻轻敲击蜗杆轴花键端部，取出垫块及蜗杆轴承总成。

5）松开转向器上盖紧固螺栓，取出上盖和垫片等。

6）清洗备查。注意：橡胶件不能用汽油清洗，推力轴承不能用碱水清洗，零件应分开摆放，避免磕碰。

（4）蜗杆曲柄指销式转向器的安装与调整

1）准备。清洗所有零部件，准备好需要更换的新件油封等。

2）装复转向器下盖。

①轴承垫块进入轴孔时，O形密封圈光滑的外圆不要被轴承孔边切坏，否则会漏油。

②垫块有凸台的一面应朝向壳体外。

③装入壳体。把转向蜗杆和推杆轴承等放入壳体内。

④装上盖总成。注意：该处的垫片不能随意更换，因为该垫片是用来调整转向蜗杆对中位置的，生产厂家已经调好。

3）蜗杆平面推杆轴承预紧度的调整。

①蜗杆平面推杆轴承预紧度的调整应在摇臂轴未装入壳体前进行。

②用转向器下盖处的调整螺钉进行调整，一般为用内六角扳手把螺钉拧到底再退回 $1/8 \sim 1/4$ 圈，使蜗杆在输入端具有 $1.0 \sim 1.7 \mathrm{N} \cdot \mathrm{m}$ 的预紧力矩，如图 5-24 所示。

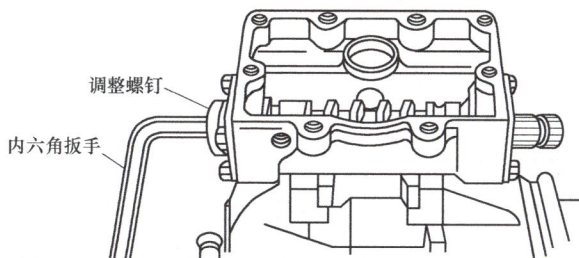

调整螺钉

内六角扳手

图 5-24　蜗杆平面推杆轴承的预紧和调整

③ 用圆螺母调整螺钉，锁紧后再重复检查预紧度，如有变化则应重新调整。

4）摇臂轴主销轴承预紧度的调整。一般情况下，用户不需要自行更换主销轴承，当必须更换新轴承时，一定要成对更换，否则使用中可能出现转向不均匀或左右转向间隙不等的情况。

调整方法：调整之前，主销轴承必须清理干净，然后在轴承滚道处注入少许机油。

① 换掉使用过的主销轴承止动垫片，装上新止动垫片。

② 主销轴承装入摇臂轴孔中用主销上的螺母进行调整后，应转动自如，主销在轴承中无轴向间隙。

③ 翻起止动垫片 1 ~ 2 齿，使之紧贴螺母边的平面，使垫圈无相对转动的可能（图5-25）。

④ 摇臂轴总成应在居中位置时装入转向器，装入后转动蜗杆，必须转动自如，总圈数不少于 6 圈。

⑤ 装上侧盖与衬垫，侧盖上的螺栓应对角分别拧紧。拧紧螺栓时，调整螺钉应处于旋松位置。

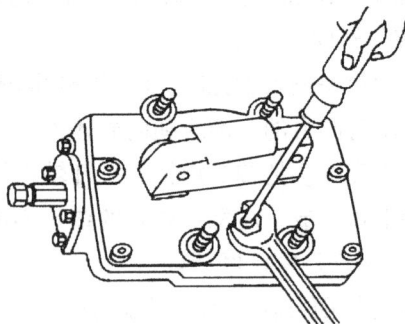

5）蜗杆与摇臂轴主销啮合间隙的调整。调整啮合间隙时，必须在居中位置进行，具体步骤如下：

① 用手握住蜗杆轴输入端，在蜗杆行程的中间位置附近来回转动，同时用螺钉旋具插入调整螺钉头部的槽中，顺时针旋转螺钉，直到有摩擦的感觉为止，如图5-26 所示。

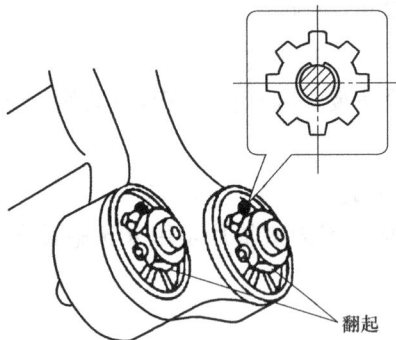

图 5-25　指销轴承止动垫片　　　图 5-26　蜗杆与摇臂轴指销啮合间隙的调整

② 在蜗杆轴输入端检查旋转力矩，应不小于 2.7N·m，并在调整螺钉外端涂上少许密封胶，然后拧紧锁紧螺母，拧紧力矩不小于 49N·m。注意：此时不能改变调整螺钉的位置。

③ 为防止漏油，应在放油螺塞的螺纹表面涂少量密封胶。

（5）循环球式转向器的装配与调整

机械循环球式转向器的分解图如图5-27 所示。

1）安装转向螺杆组件。转向螺杆螺母组件在维修时一般不拆散。若拆散重新组装时，先平稳地逐个装入钢球，装钢球的过程中，转向螺杆和转向螺母不要相对运动，必要时，只能稍许转动转向螺母或用塑料棒将钢球轻轻冲进滚道内（图5-28），然后给装满钢球的导管

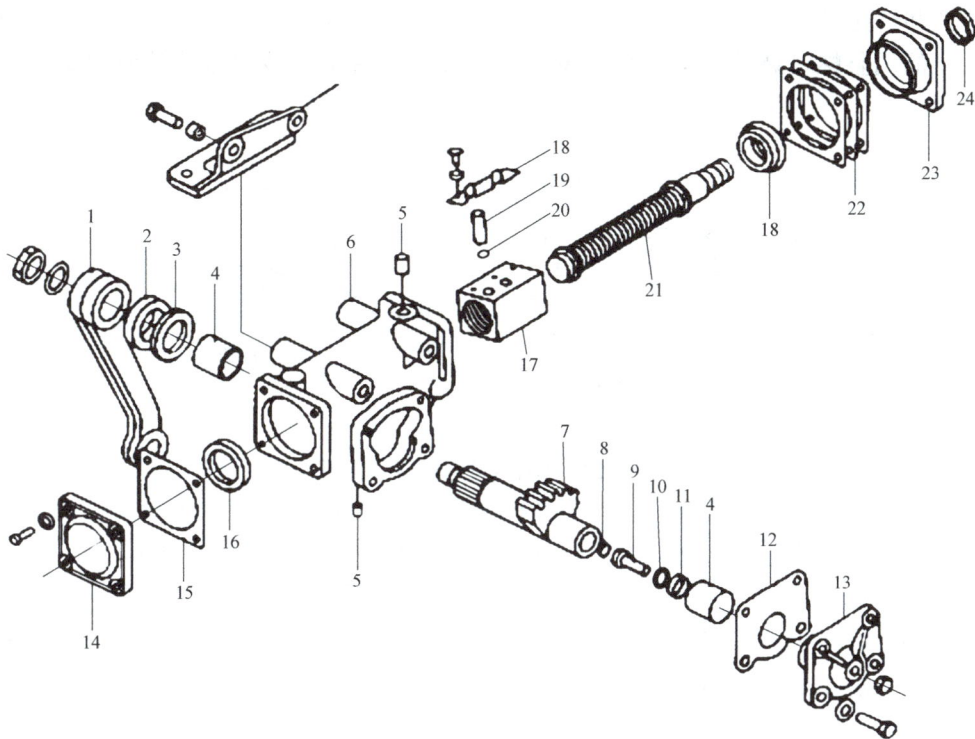

图 5-27 机械循环球式转向器的分解图

1—转向摇臂 2—毛毡油封 3—橡胶油封 4—衬套 5—螺塞 6—壳体 7—转向摇臂轴 8—止推垫
9—调整螺栓 10—垫圈 11—挡圈 12—衬垫 13—侧盖 14—下盖 15—衬垫 16—轴承 17—转
向螺母 18—管定卡 19—钢球导管 20—钢球 21—转向螺杆 22—调整垫片 23—上盖 24—油封

口涂压润滑脂，防止钢球脱出，并用导管卡将导管固定在转向螺母上。所装钢球的直径和数量必须符合原厂规定，如 EQD131 型汽车安装 ϕ450mm 转向盘的转向器的钢球直径为 ϕ7.144mm，共（$2 \times 49 + 1$）粒；EQI40/47 型长轴汽车安装 ϕ550mm 转向盘的转向器的钢球直径为 ϕ7.144mm，共（$2 \times 58 + 1$）粒。

2）装入钢球后，转向螺母的轴向窜动量不得大于 0.10mm。

3）将轴承内圈压在转向螺杆的轴颈上。

4）组装摇臂轴。检查用于调整转向螺母与齿扇啮合间隙的调整螺钉的轴向间隙，此间隙若大于 0.12mm，应在调整螺钉与摇臂上的承孔端面间加止推垫片调整。对摇臂轴

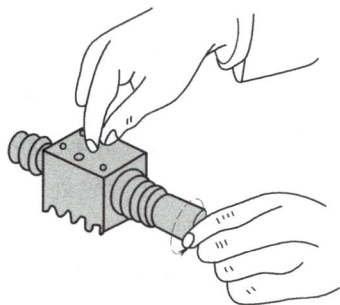

图 5-28 钢球的装入

承进行预润滑之后，将摇臂装入壳体内，并按顺序装入止推垫片、调整螺钉、垫圈和孔用弹性挡圈。

5）安装转向器下盖和上盖。把轴承装入下盖承孔中，如图 5-29 所示；安装调整垫片和下盖，从壳体孔中放入转向螺杆组件，安装下盖，装下盖之前在结合平面上涂以密封胶；把

轴承外圈和转向螺杆油封压入上盖,并装入上盖调整垫片和上盖;通过增减下盖调整垫片或用下盖上的调整螺钉调整转向螺杆的轴承预紧度,然后检查转向盘的转向力矩,一般为0.6~0.9N·m。

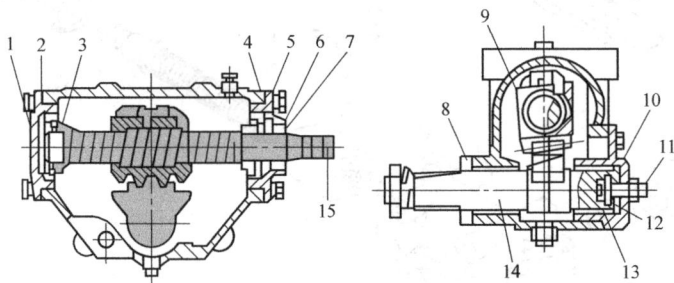

图5-29　循环球式转向器装配图

1—下盖　2—调整垫片　3、5—螺杆轴承　4—上盖调整垫片　6—上盖　7—螺杆油封　8—摇臂轴油封　9—转向螺母　10—侧盖　11—调整螺钉　12—孔用弹簧挡圈　13—止推垫片　14—摇臂轴　15—转向螺杆

6) 安装转向器侧盖。给油封涂了密封胶后,将油封唇口向内,均匀地压入壳体上的承孔内;将转向螺母移至中间位置(转向器总圈数的1/2),使扇形齿的中间齿与转向螺母的中间齿相啮合,装入摇臂轴组件;侧盖密封垫涂以密封胶,再进行安装和紧固。

7) 调整转向器转向间隙。使转向器的传动副处于中间位置(直行位置);通过调整螺钉,调整转向器传动副的啮合间隙,在直行位置上应呈无间隙啮合;在中间位置上时,转向器的转动力矩应为1.5~2.0N·m。转向器转动力矩调整合格后,按规定力矩锁紧调整螺钉。

8) 安装摇臂时,应注意摇臂与摇臂轴的装配记号对正,应特别注意摇臂固定螺母应确实做到紧固、锁止可靠。

9) 按原厂规定加注润滑油。

10) 有条件时,应检查转向器反驱动力矩(转向轴处于空载状态时,使摇臂轴转动的力矩)。转向器的反驱动力矩应符合原厂规定。

检查与调整东风货车的转向盘自由行程

1) 首先使汽车前轮处于直线行驶的位置,再将检查刻度盘和指针分别固定在转向柱管和转向盘上,向左、向右旋转转向盘到感觉有阻力为止(前轮不偏转)。此时,指针在刻度盘上所划过的角度,即为转向盘的自由行程,如图5-30所示。

2) 调整转向盘自由行程以前,首先应检查转向传动机构中各处固定或连接部位是否松动,并对松动部位进行必要的紧固,或更换严重损坏的零部件。经过紧固或更换有关零部件后,当一切都符合要求,而转向盘自由行程仍然偏大时,就应该调整转向器的啮合间隙。调整时,汽车应处于直

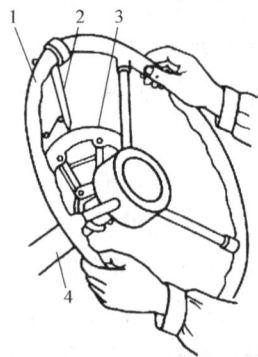

图5-30　转向盘自由行程的检查

1—转向盘　2—检查指针　3—检查刻度盘　4—转向柱管

线行驶位置，并保证两侧轮胎气压一致。

3）检查摇臂轴的轴向间隙。将转向器转动至中间位置，手握住转向摇臂，沿着转向器摇臂轴轴向前后拉动转向摇臂，如图5-31所示。当手感觉到有轴向窜动时，则调整转向器侧盖上的调整螺钉。旋进螺钉，啮合间隙减小，转向盘自由行程减小；旋出螺钉，结果相反。直至调整到摇臂轴无轴向间隙为止。

4）在调整时，也可把转向盘置于中间啮合位置，然后从车架里侧将调整螺钉的锁紧螺母旋松，用螺钉旋具将调整螺钉拧到底，再返回1/8圈左右，然后将锁紧螺母锁紧。

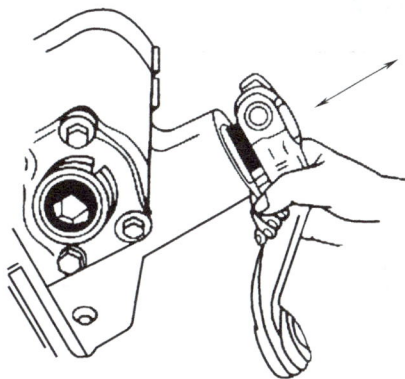

图5-31 摇臂轴轴向间隙的检查

【评价与反馈】

班级＿＿＿＿＿＿＿ 姓名＿＿＿＿＿＿＿ 指导教师＿＿＿＿＿＿＿

序号	考核项目	配分	考核内容		配分	考核标准	得分
1	出勤/纪律	5	出勤		2	违规一次不得分	
			行为规范		3	违规一次不得分	
2	安全/防护/环保	20	着装		4	违规一次不得分	
			个人防护		4	违规一次不得分	
			5S/EHS		4	违规一次不得分	
			设备使用安全		4	违规一次不得分	
			操作安全		4	违规一次不得分	
3	知识水平	20	知识测试成绩		20	按测验成绩的20%计	
4	技能考核	40	机械转向系统的拆装与检修	转向传动装置的检查	8	操作不正确扣1～8分	
				横拉杆和直拉杆的检修	8	操作不正确扣1～8分	
				蜗杆曲柄指销式转向器的拆装	8	操作不正确扣1～8分	
				循环球式转向器的装配与调整	8	操作不正确扣1～8分	
				检查与调整东风货车转向盘自由行程	8	操作不正确扣1～8分	
5	学习能力	10	填写工单，制订工艺计划		4	未做不得分	
			组内活动情况		4	酌情扣1～4分	
			资料查询和收集		2	未做不得分	
6	任务拓展	5	知识拓展任务		2	未做不得分	
			技能拓展任务		3	未做不得分	
7	总分	100					

【教师评估】

序　号	优　点	存在问题	解决方案

教师签字：

任务二　动力转向系统的构造与维修

【任务目标】

目标类型	目标要求
认知目标	1. 认识动力转向系统 2. 了解动力转向系统的工作原理
技能目标	1. 熟悉动力转向系统的结构 2. 查询维修资料，对动力转向系统进行检测和维修
情感目标	1. 遵守汽车电工的操作规程 2. 养成良好的作业习惯

【任务描述】

汽车在行驶中，驾驶人向左或向右转动转向盘时，感到沉重费力，无回正感；汽车低速转弯行驶和掉头时，转动转向盘感到非常沉重，甚至转不动。

【任务分析】

动力转向系统转向沉重故障一般由液压转向助力系统失效或助力不足、机械传动机构损坏或调整不当引起。经检查发现，此车油路中有空气，排除空气后故障消失。

【相关知识】

一、动力转向系统的组成与结构

动力转向系统实际上是在机械转向系统的基础上加设一套转向助力装置而形成的。按照传递能量的介质不同，动力转向系统可以分为液压式和气压式两种。本书中主要讲述液压式动力转向系统。

液压动力转向系统主要由转向盘、转向轴、动力转向器、转向油罐、转向液压泵、转向控制阀和转向动力缸等组成，如图5-32所示。

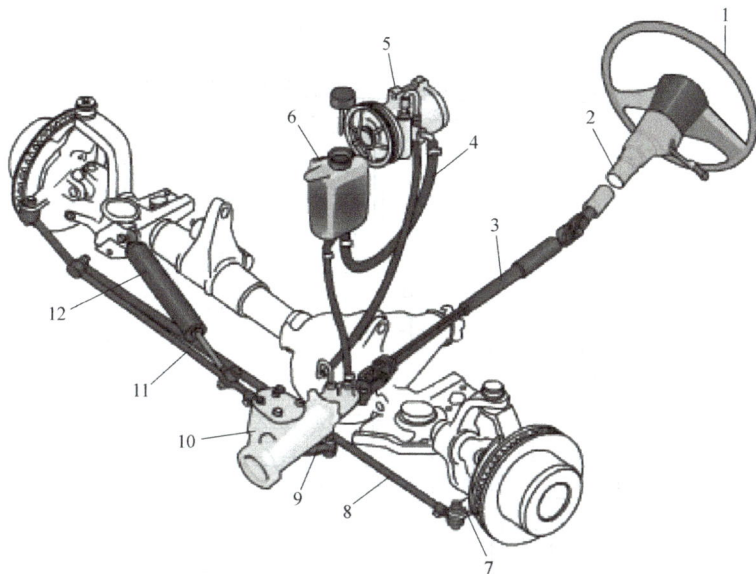

图 5-32　动力转向系统的组成与结构

1—转向盘　2—转向轴　3—转向中间轴　4—转向油管　5—转向液压泵　6—转向油罐

7—转向节臂　8—转向横拉杆　9—转向摇臂　10—整体式转向器　11—转向直拉杆

12—转向减振器

1. 液压助力转向系统

液压助力转向系统可分为常压式和常流式两种。

（1）常压式液压助力转向系统　其特点是无论转向盘处于中立位置还是转向位置，也无论转向盘保持静止还是运动状态，系统工作管路中总是保持高压，如图 5-33 所示。

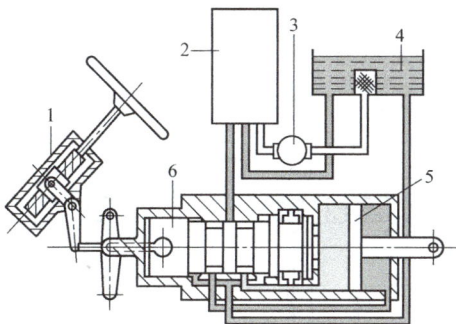

图 5-33　常压式液压助力转向装置

1—机械转向器　2—储能器　3—转向液压泵　4—转向油罐

5—转向动力缸　6—转向控制阀

（2）常流式液压助力转向系统　其特点是转向液压泵始终处于工作状态，但液压助力系统不工作时，基本处于空转状态。多数汽车都采用常流式液压助力转向系统。常流式液压转向助力装置的示意图如 5-34 所示。

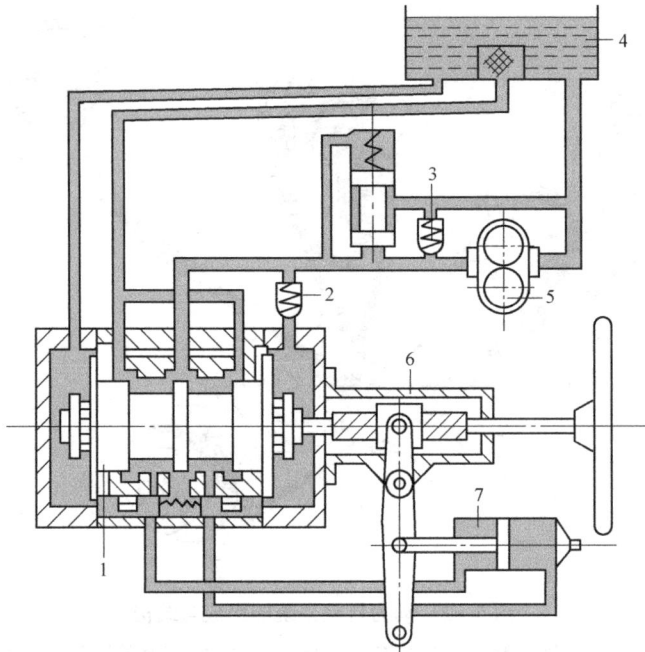

图5-34 常流式液压转向加力装置的示意图

1—转向控制阀 2—单向阀 3—安全阀 4—转向油罐 5—转向

液压泵 6—机械转向器 7—转向动力缸

2. 液压助力转向系统的转向控制阀

液压助力转向系统的转向控制阀有两种形式，即滑阀式和转阀式。

（1）滑阀式转向控制阀　阀体沿轴向移动来控制油液流量的转向控制阀，称为滑阀式转向控制阀，简称滑阀，如图5-35所示。

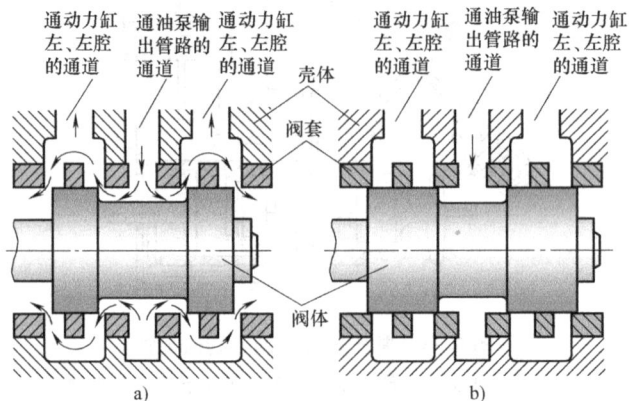

图5-35 滑阀的结构和工作原理

a）常流式滑阀 b）常压式滑阀

（2）转阀式转向控制阀　阀体绕其轴线转动来控制油液流量的转向控制阀，称为转阀式转向控制阀，简称转阀，如图5-36所示。

二、整体式动力转向器

桑塔纳 2000 轿车采用的是整体式动力转向器，由转阀、齿轮齿条式转向器和转向动力缸组成，如图 5-37 所示。转向动力缸的助力直接作用在齿条上，齿条的动力由一端输出，如图 5-38 所示。其动力传递路线如图 5-39 所示。

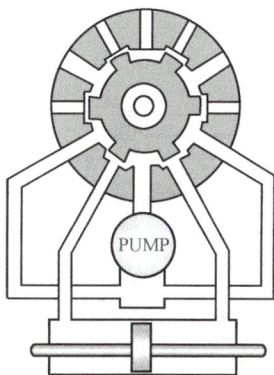

图 5-36　转阀的结构

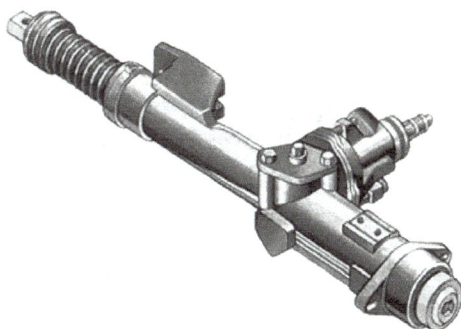

图 5-37　桑塔纳 2000 轿车整体式动力转向器

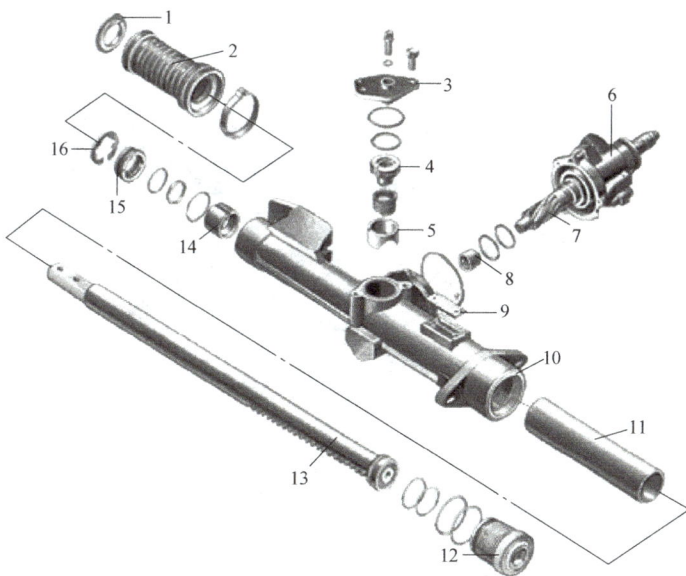

图 5-38　桑塔纳 2000 轿车动力转向器零件分解图

1—防尘罩挡圈　2—波纹防尘罩　3—盖板　4—密封座　5—压块　6—转阀

7—齿轮　8—轴承　9—铭牌　10—转向器壳体　11—缸筒　12—密封挡盖

13—齿条　14—支承衬套　15—齿条油封座　16—挡环

三、转向油罐与转向液压泵

转向油罐和液压泵是实现动力转向的必备部件，桑塔纳 2000 轿车动力转向机构的布置如图 5-40 所示。

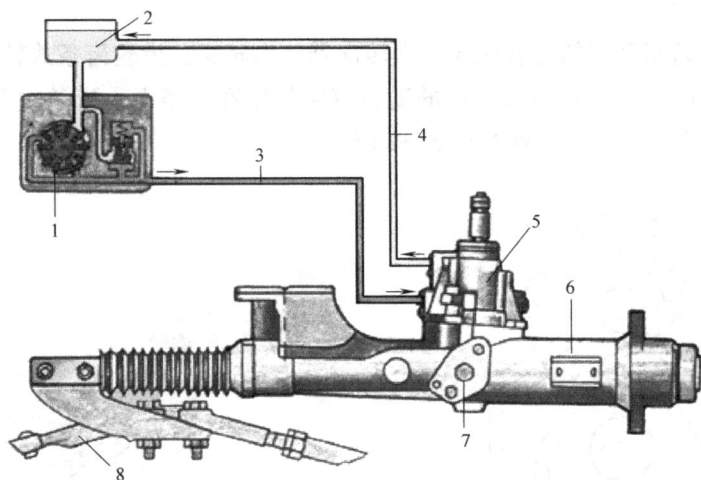

图5-39　桑塔纳2000轿车动力转向器油路简图
1—液压泵　2—储油罐　3—高压油管　4—低压油管　5—转阀　6—转向
动力缸　7—转向器　8—转向横拉杆总成

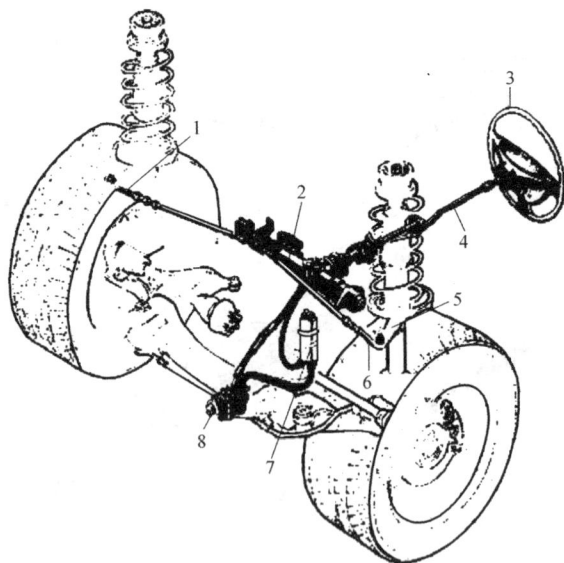

图5-40　桑塔纳2000轿车动力转向机构的布置
1—右横拉杆　2—动力转向器　3—转向盘　4—转向轴
5—转向臂　6—左横拉杆　7—转向油罐　8—叶片泵

1. 转向油罐

转向油罐的作用是储存、滤清并冷却液压助力转向系统的工作油液，其结构如图5-41所示。

2. 转向液压泵

转向液压泵是液压助力转向系统的供能装置，其作用是将输入的机械能转换为液压能输出。转向液压泵的结构形式有齿轮式、叶片式、转子式和柱塞式等，其中外啮合齿轮式转向

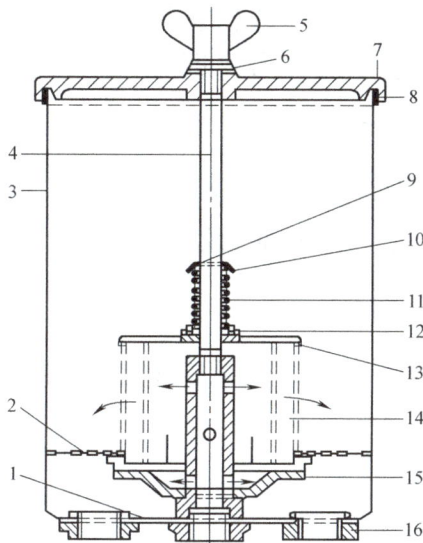

图 5-41　转向油罐的结构

1—中心油管接头座　2—滤网片　3—罐体　4—中心螺栓　5—翼形螺母
6—垫圈　7—罐盖　8—罐盖封环　9—锁销　10、12—弹簧座　11—弹簧
13—橡胶密封垫圈　14—滤芯　15—滤芯密封圈　16—油管接头座

油泵应用最为广泛。

四、电控液压助力转向系统

在传统液压助力转向系统的基础上加装电控系统，使辅助转向力的大小不仅与转向盘的转角增量（或角速度）有关，还与车速有关，这样就形成了电控液压助力转向系统。与传统液压助力转向系统相比，电控液压助力转向系统增加了液压反应装置和液流分配阀，而加设的电控系统则包括动力转向 ECU、电磁阀和车速传感器等。电控液压助力转向系统利用电控单元根据车速调节作用在转向盘上的阻力，通过控制转向控制阀的开启程度以改变液压助力系统辅助力的大小，从而实现辅助转向力随车速而变化的助力特性。

【任务实施】

动力转向系统的结构与维修

一、实施目的

动力转向系统零部件的布置、结构及拆装检修方法与步骤。

二、技能训练准备

（1）所需设备　桑塔纳轿车和基本拆装工具。

（2）工具和材料　干净的抹布、力矩可调式扭力扳手（5～50N·m）、常用工具、套筒扳手、拉力器和汽车维修手册等。

（3）安全防护用品　标准作业装、安全鞋和线手套等。

（4）汽车信息收集

车牌号码：_____ ；车辆型号：_____ ；

VIN 码：_____ ；行驶里程：_____ ；

维修接待：_____ 。

三、技术规范与注意事项

1）动力转向装置各部分在实车上的安装方向。

2）部件拆下时应做好标记，并按顺序摆放好。

四、实施步骤及方法

1. 实训内容

动力转向系统零部件的布置、结构及拆装检修步骤及方法。动力转向系统的组成如图 5-42所示。

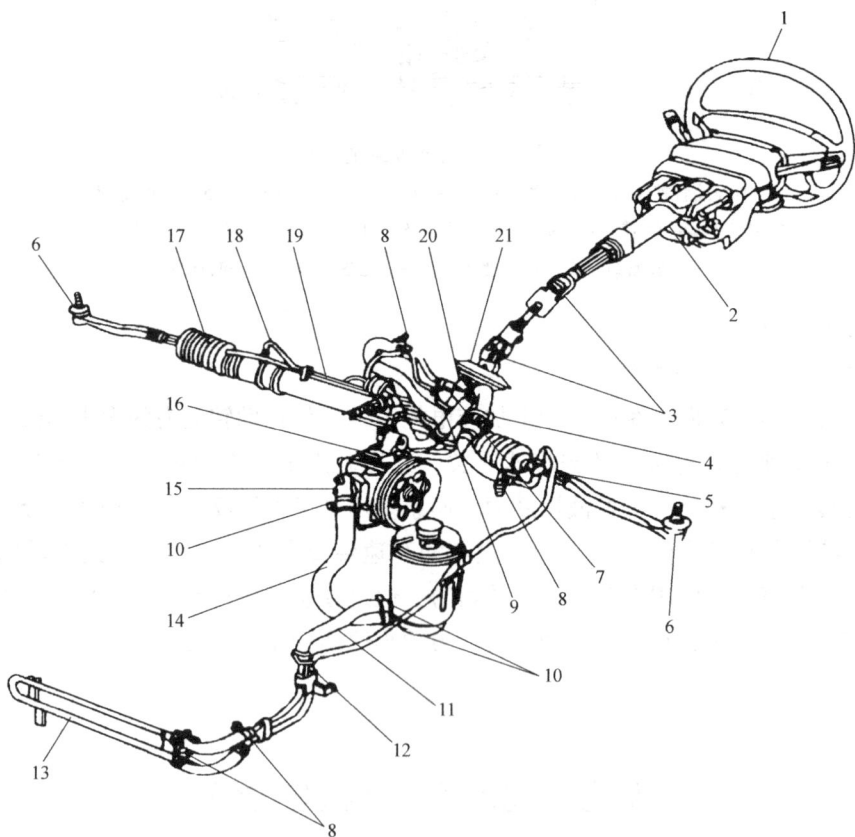

图 5-42　动力转向系统的组成

1—转向盘　2—转向柱　3—转向万向节　4—动力缸油管　5—锁紧螺母　6—球形接头
7—回油管　8—可调卡箍　9—供油管　10—止箍　11—回油软管　12—卡箍　13—冷却器
14—进油软管　15—动力转向泵　16—出油软管　17—防尘罩　18—动力缸油管　19—转
向齿轮机构　20—阀体　21—防尘密封件

2. 操作步骤

（1）动力转向系统各总成的拆装步骤及故障诊断　大众系列轿车动力转向系统中的液压泵和转向器都相当于液压元件，对液压油和其他零部件有相当高的要求。因此，应定期对转向系统进行检查和调整。

1）转向盘。当汽车前轮处于直线行驶状态时，在转向盘边缘处测量转向盘自由行程，其值应为 15～20mm。当自由行程过大时，说明动力转向器齿轮与齿条啮合间隙偏大，或各连接处松旷，或齿轮和齿条磨损。调整弹簧压力可使齿条微量变形，实现无侧隙或小侧隙啮合。用双手握住转向盘，在轴向和直角方向上用力摇动，观察此时转向盘是否移出，由此了解转向盘与转向管柱轴的装配情况、主轴承的松旷量及转向柱支架的连接状况。

2）动力转向器。检查动力转向器是否漏油，盖板螺栓是否松动。若螺栓松动，应拧紧。如果转向轴轴承松旷，应进行调整或更换损坏、磨损的轴承。动力转向器啮合副间隙过大或过小，可通过螺栓改变补偿弹簧的预紧力来调整齿条与主动齿轮的啮合间隙。应注意，补偿弹簧的弹力出厂时已调好，一般不需要另行调整，只有在确实有问题时才进行调整。转向轴如有龟裂，应采用磁性探伤法进行检查。

3）储油罐。

① 液面高度的检查。使发动机怠速运转，反复将转向盘从一侧极限位置转到另一侧极限位置，以提高液压温度，使油温达到 40～80℃左右。这时检查储油罐内的油量，油面应在储油罐的"MAX"处。油量不足时，在检查各部位无泄漏后，按规定牌号补充液压油至"MAX"处。

② 液压系统的排气。检查液面高度，必要时添加液压油。使发动机怠速运转，反复使转向盘从左极限位置转到右极限位置，直至储油罐内无气泡和泡沫为止。如液面有下降，应继续添加液压油，直至达到规定液面高度（"MAX"处）为止。

③ 液压油的更换。顶起汽车前桥，从储油罐及回流管中排出液压油；使发动机怠速运转，一面排油，一面将转向盘转到极限位置，直至液压油排尽；添加液压油；排尽液压系统中的空气。

4）液压泵。液压泵（叶片泵）泵送压力的检查方法如下：

① 将压力表装到连接在阀体和软管之间的压力管中。

② 起动发动机。如果需要，向储油罐补充液压油。

③ 急速关闭截止阀（不超过 5min），并读出压力数和泵送压力数。泵送压力额定值为 6.8～8.2MPa。如果没有达到额定数值，应检查限压阀和溢流阀是否完好。如不正常，应更换限压阀和溢流阀，或更换叶片泵。

④ 系统的密封性。起动发动机，将转向盘分别向左、右两侧转至极限位置，在瞬间将其固定，以至在转向系统中产生额定压力。此时用目测法检查转向系统各管路和阀连接处的密封性，如有渗漏应更换密封件。

（2）转向柱的检修

1）拆卸。转向柱上装有一套组合开关，包括点火开关、前风窗刮水器及洗涤器开关、转向灯开关及远、近光变光开关，因此在拆卸前必须将蓄电池电源线断开，将转向指示灯开关放在中间位置，并将车轮置于直线行驶位置，按下列拆卸步骤进行。如图 5-43 所示为转向柱分解图。

① 向下按橡皮边缘，撬出大盖板。

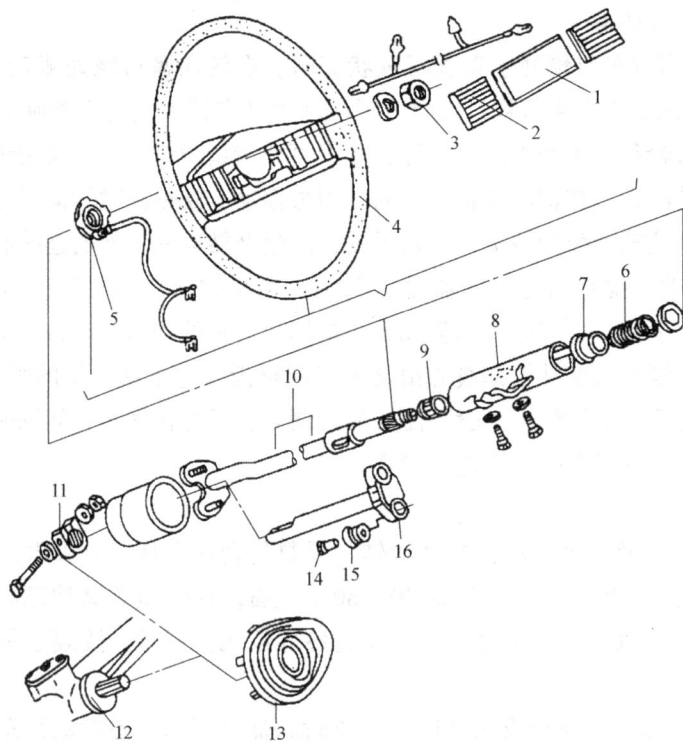

图 5-43　转向柱分解图

1—大盖板　2—喇叭按钮盖板　3—转向盘与转向柱紧固螺母 M16　4—转向盘　5—接触环
6—压缩弹簧　7—连接圈　8—转向柱套管　9—轴承　10—转向柱上段　11—夹紧箍　12—转
向器　13—转向柱橡胶圈　14—转向减振尼龙销　15—转向减振橡胶圈　16—转向柱下端

② 取下喇叭按钮盖板，拆卸喇叭按钮及有关接线。

③ 拆下转向盘紧固螺母，用拉力器将转向盘取下。

④ 拆下组合开关上的 3 个平口螺栓，取下开关。

⑤ 拆下仪表板左下方的饰板。

⑥ 拆下转向柱套管的两个螺钉，拆下套管。

⑦ 将转向柱上段往下压，使上段端部凸缘上的两个驱动销脱离转向柱下端，取出转向柱上段。

⑧ 取下转向柱橡胶圈，松开夹紧箍的紧固螺栓，拆下转向柱下段。

⑨ 用水泵钳旋转卸下弹簧垫圈，卸下左边的内六角螺栓，拧出右边的开口螺栓，拆下转向盘锁套。

2）检查。检查转向柱有无弯曲，安全联轴器有无磨损或损坏，弹簧弹性是否失效。如有，则应修理或更换新件。

3）安装。转向柱的安装基本按与拆卸相反的顺序进行，但同时应注意以下几点。

① 转向柱与凸缘管应一起安装，并用水泵钳连接起来。

② 应将凸缘管推至转向齿轮轴上，夹紧箍圈口应向外（注意：不可用手等掰开卡箍）。

③ 转向柱管的断开螺栓装配时，应将螺栓拧紧至螺栓头断开为止，然后拧紧圆柱螺栓。

④ 车轮应处于直线行驶位置，转向指示灯开关应处于中间位置才可装转向盘，否则在安装转向盘时，当分离爪齿通过接触环上的簧片时，有可能造成损坏。

⑤ 应更换所有的自锁螺母和螺栓，转向柱不能进行焊接修理。

（3）动力转向器的拆卸和安装　动力转向器零部件分解图如图 5-44 所示。

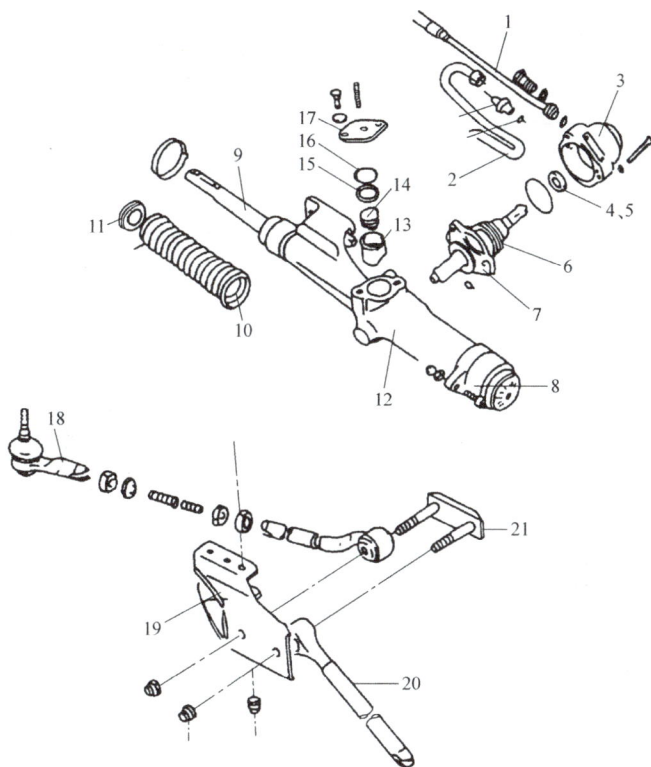

图 5-44　动力转向器零部件分解图

1—进油管　2—回油管　3—阀体罩壳　4—密封圈　5—轴承　6—转向齿轮　7—连接盖　8—密封罩
9—齿条　10—防尘罩　11—固定环　12—转向器　13—压块　14—补偿弹簧　15—补偿垫片　16—密封
压座　17—压盖　18—右转向横拉杆　19—转向支架　20—左转向横拉杆　21—连接件

1）拆卸

① 支撑起车辆。

② 排放转向液压油。

③ 拆下转向横拉杆的固定螺母，如图 5-45 所示。

④ 拆下左前轮罩处的转向器固定螺栓，如图 5-46 所示。

⑤ 松开在转向器分配阀外壳上的进油管，如图 5-47 所示。

⑥ 拆下后横板上固定转向器的自锁螺母，如图 5-48 所示，把车辆放下。

⑦ 拆下紧固齿条与转向横拉杆的螺栓，如图 5-49 所示。

⑧ 拆卸仪表板侧边下盖、通风管和踏板盖。

⑨ 拆下紧固转向齿轮轴与下联轴器的螺栓，如图 5-50 所示，并使各轴分开。

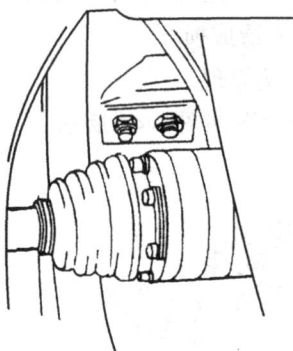

图 5-45 拆下转向横拉杆的固定螺母

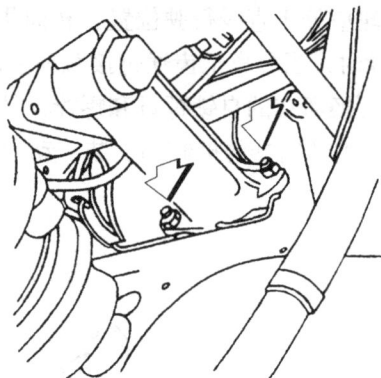

图 5-46 拆下左前轮罩处的转向器固定螺栓

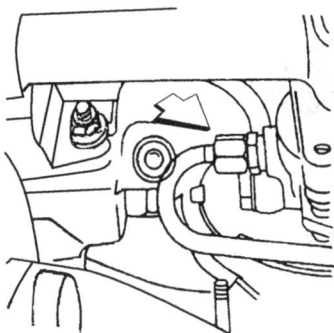

图 5-47 松开在转向器分配阀外壳上的进油管

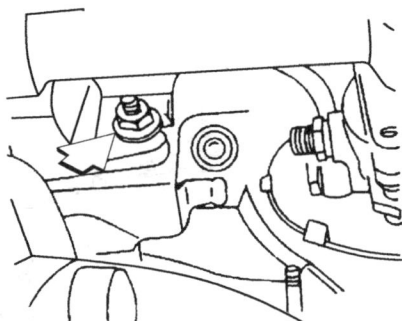

图 5-48 拆下后横板上固定转向器的自锁螺母

图 5-49 拆下紧固齿条与转向横拉杆的螺栓

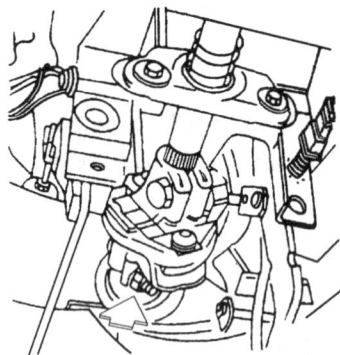

图 5-50 拆下紧固转向齿轮轴与下联轴器的螺栓

⑩ 拆卸防尘套，从车厢内部拆下固定转向器分配阀外壳上回油管的排放螺栓，如图 5-51 所示。拆下后横板上固定转向器的自锁螺母，拆下转向器，如图 5-52 所示。

2）安装。安装时应注意：液压泵和转向器分配阀上固定排放螺栓的密封圈只要被拆卸，就必须更换。

① 在后横板上安装转向器，自锁螺母不必完全拧紧，支撑起车辆。

② 在液压泵上安装进油管和回油管，使用新的密封圈，并用 40N·m 的力矩拧紧螺栓。

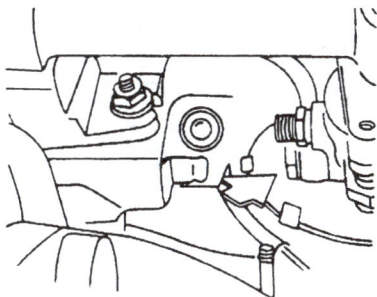

图 5-51 拆下排放螺栓

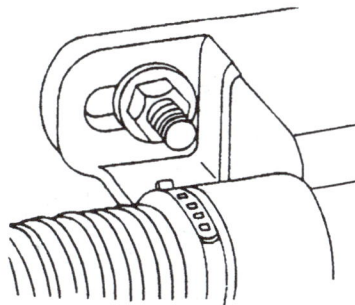

图 5-52 拆下后横板上固定转向器的自锁螺母

③ 安装左前轮罩上的转向器固定螺栓，并用 20N·m 的力矩拧紧螺母。

④ 安装后横板上固定转向器的自锁螺母，并用 40N·m 的力矩拧紧螺母。

⑤ 把进油管固定在转向器分配阀外壳上，把车辆放下。

⑥ 用 40N·m 的力矩拧紧后横板上固定转向器的自锁螺母。

⑦ 安装转向横拉杆支架固定螺栓，并用 45N·m 的力矩拧紧。从车厢内把回油管安装在转向器分配阀外壳上，安装防尘套。

⑧ 连接联轴器，安装固定螺栓并用 25N·m 的力矩拧紧。安装踏板盖、通风管和仪表板盖。向储油罐内注入液压油，直至"MAX"处（注意：绝不能再使用排出的液压油。

⑨ 举升起车辆，在发动机停止的情况下转动转向盘数次，以便把系统中存在的空气排出。补充液压油，达到储液罐上的"MAX"处。

⑩ 起动发动机，完全向左和右转动转向盘，观察油面高度，一直操作到油面稳定在"MAX"处为止。

（4）转向齿轮轴密封圈的更换

1）拆卸动力转向器。

2）把转向器固定在台虎钳上，并拆下转向齿轮轴的锁销，如图 5-53 所示。

3）拆下转向器分配阀总成，如图 5-54 所示。

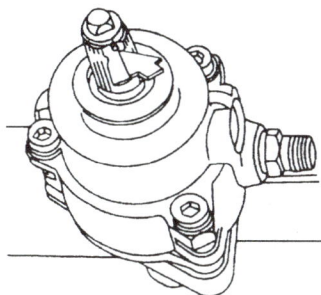

图 5-53 拆下转向齿轮轴的锁销

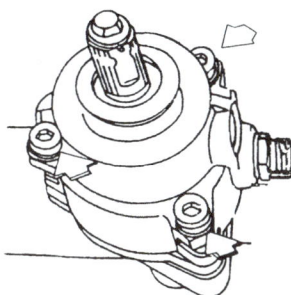

图 5-54 拆下转向器分配阀总成

4）拆下转向齿轮轴的密封圈，如图 5-55 所示。

5）使用专用工具 VW605 和塑料铆头，把新的密封圈安装在转向器分配阀外壳上，如图 5-56 所示。

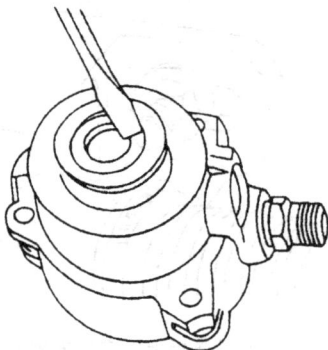

图 5-55　拆下密封圈

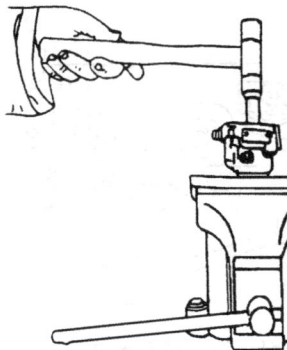

图 5-56　安装密封圈

（5）液压泵的更换　液压泵（叶片泵）及其附件如图 5-57 所示。

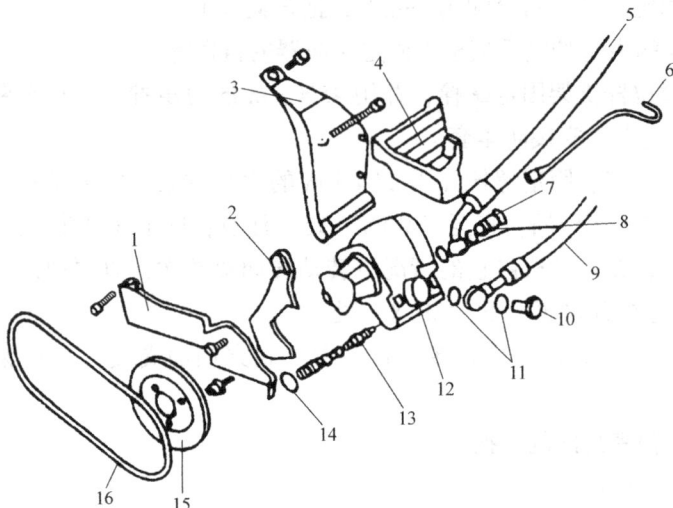

图 5-57　叶片泵及其附件

1—夹紧夹板　2—前摆动夹板　3—支架　4—后摆动夹板　5—至分配阀套　6—支
架　7—管接头螺栓　8—更换油封环　9—进油管　10—管接头螺栓　11—更换密
封环　12—叶片泵　13—限压阀和溢流阀　14—密封环　15—带轮　16—V 形带

1）拆卸。

① 支撑起车辆。

② 拆下液压泵上回油管和进油管的排放螺栓，排放液压油，如图 5-58 所示。

③ 拆下液压泵前支架上的张紧螺栓，如图 5-59 所示。

④ 拆下液压泵后支架上的固定螺栓，如图 5-60 所示，支撑起车辆。

⑤ 松开液压泵中心支架上的固定螺母和螺栓，如图 5-61 所示。

⑥ 把液压泵固定在台虎钳上，拆卸 V 形带轮和中间支架。

2）安装。液压泵的安装按照与拆卸相反的顺序进行。安装完毕后，应调整液压泵 V 形带的张紧度，并加注液压油。

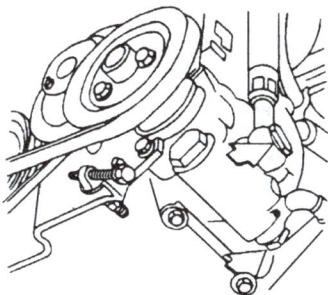

图 5-58　拆下排放螺栓

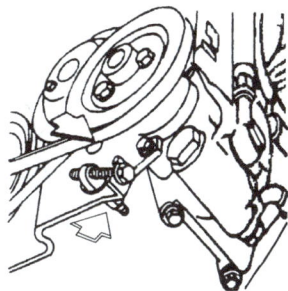

图 5-59　拆下前支架上的张紧螺栓

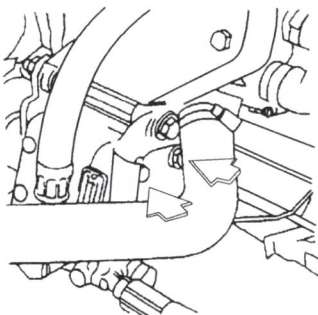

图 5-60　拆下后支架上的固定螺栓

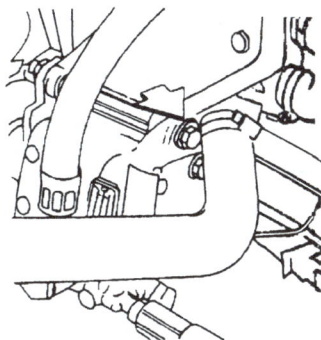

图 5-61　松开中心支架上的固定螺母和螺栓

（6）液压泵 V 形带的调整

1）松开液压泵支架上的后固定螺栓，如图 5-62 所示。

2）松开张紧螺栓的螺母，如图 5-63 所示。

3）通过张紧螺栓把 V 形带张紧，如图 5-64 所示，压在 V 形带中间处，以 10mm 的挠度为合适。

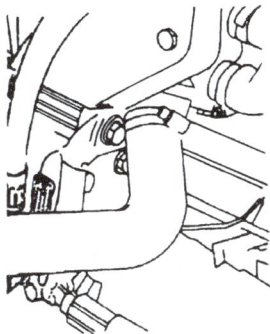

图 5-62　松开支架上的后固定螺栓

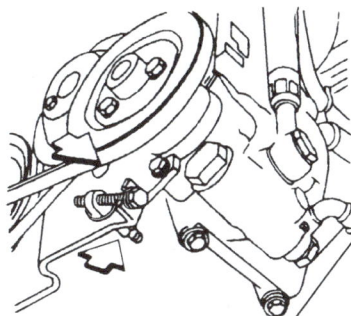

图 5-63　松开张紧螺栓的螺母

4）拧紧张紧螺栓的螺母。

5）拧紧液压泵支架上的固定螺栓。

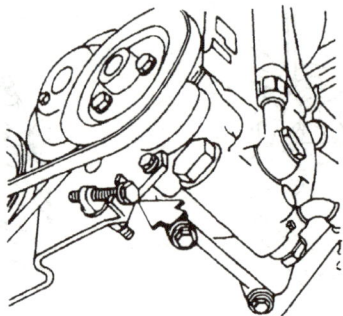

图 5-64 张紧 V 形带

五、技术要求及注意事项

1）动力转向装置各部分在实车上的安装方向。

2）部件拆下时应做好标记，并按顺序摆放好。

【评价与反馈】

班级_____ 姓名_____ 指导教师_____

序号	考核项目	配分	考核内容		配分	考核标准	得分
1	出勤/纪律	5	出勤		2	违规一次不得分	
			行为规范		3	违规一次不得分	
2	安全/防护/环保	20	着装		4	违规一次不得分	
			个人防护		4	违规一次不得分	
			5S/EHS		4	违规一次不得分	
			设备使用安全		4	违规一次不得分	
			操作安全		4	违规一次不得分	
3	知识水平	20	知识测试成绩		20	按测验成绩的20%计	
4	技能考核	40	动力转向系统拆装与维修	动力转向系统各总成的拆装步骤及故障诊断	8	操作不正确扣1～8分	
				转向柱的检修	8	操作不正确扣1～8分	
				动力转向器的拆卸和安装	6	操作不正确扣1～6分	
				转向齿轮轴密封圈的更换与调整	6	操作不正确扣1～6分	
				液压泵的更换	6	操作不正确扣1～6分	
				液压泵 V 形带的调整	6	操作不正确扣1～6分	
5	学习能力	10	填写工单，制订工艺计划		4	未做不得分	
			组内活动情况		4	酌情扣1～4分	
			资料查询和收集		2	未做不得分	
6	任务拓展	5	知识拓展任务		2	未做不得分	
			技能拓展任务		3	未做不得分	
7	总分	100					

【教师评估】

序　　号	优　　点	存在问题	解决方案

教师签字：

参 考 文 献

[1] 高峰 . 汽车底盘构造与维修［M］. 北京：机械工业出版社，2010.

[2] 蒋红枫 . 汽车底盘构造与拆装［M］. 北京：机械工业出版社，2010.

[3] 幺居标 . 汽车底盘构造与维修［M］. 北京：机械工业出版社，2002.

[4] 唐守均，罗智强 . 汽车电气构造与维修［M］. 重庆：西南师范大学出版社，2012.

[5] 赵计平，刘渝，李雷 . 汽车维修技术人员培训能力标准［M］. 重庆：重庆大学出版社，2006.